家事を手放して
シンプルに暮らす

Aki

はじめに

私は夫と4歳の息子と1LDKのマンション暮らし。息子が1歳になる頃に復職し、外資系企業のマネージャーとして、忙しい毎日を過ごしています。

今でこそ暮らしに余裕がありますが、復職後1年は仕事と家事の両立に悩み、試行錯誤の日々でした。完璧を目指すあまり、たくさんの家事の「やらなきゃ」を抱え込み、身動きが取れなくなってしまったのです。

そこで、我が家の家事の課題を見つめ直すことに。すると、「小さな家に、いかにすっきりとものを収めるか？」、「短い時間で、いかにスムーズに家事をするか？」の2つに絞られることがわかりました。

思えば、学生時代、試験前にノートを作るのが好きで、教科書数ページ分から重要な項目だけを抜き取り、見開き2ページに収めていました。作業を繰り返すうちに頭の中が整理され、試験前はノートを見なくてもそらで言えるようになったものです。

家事の課題をこなすのもこれに似て、小さなスペース（あるいは時間）に、重要な物事をムダなく、効率的に配置していく。それは同時に、重要でない物事を切り離す作業でもあり、徐々に家事の「やらなきゃ」を手放せるようになってきました。重要な家事だけを繰り返すことで、ノートをそらんじたように体が自然に動くようになり、暮らしがうまく回り出したのです。

かつての私のように、仕事と家事の両立に悩んでいる方にとって、本書が暮らしをラクにするヒントになれば幸いです。

contents

chapter 3
収納のシンプル化

chapter 4
服のシンプル化

chapter 5
子育てのシンプル化

家事を「手放す」ことで暮らしはもっと豊かになる

私にとって家事とは、家族の暮らしをより豊かに、心を満たすためのもの。そのためには、私自身が笑顔を忘れず、穏やかに過ごすことが大切なので、手放せる家事は手放すようにしています。

でも、家事を手放すというと罪悪感を覚える人が多いのではないでしょうか。家事にかける時間＝家族への愛情の深さと思われ、手放すのは手抜きと捉えがち。だからこそ家事はエンドレスで、お母さんはいつもキッチンにいる。ひと通り終わってもまだやらなきゃいけない気がして、頑張ってしまうのです。

私が勤める外資系の会社はとにかく合理的で、結果＝利益がすべて。どれだけ時間をかけたかは関係ありません。最小の投資で最大の利益を得る、いわばラクして稼ぐには、常に正しい選択が求められます。それには企業戦略、つまり、会社の目指すゴールが明確であることが重要。家事も同じで、まずは理想の暮らしを描くことから始めます。

理想の暮らしを描くと、いらない家事が見えてくる

たとえば、私の暮らしの理想を言葉にしてみると、こんな感じです。

・家族が健康に暮らせる、手作りの食事と掃除の行き届いた部屋。
・家事は手早く終わらせ、毎日笑顔で子どもと向き合う。

できるだけ具体的にイメージすることで、家事のゴールを設定しやすくなります。理想の暮らしを描けたら、次は今の家事の洗い出し。「それぞれの家事に何分かけている？」、「それは理想の暮らしに絶対必要なこと？」などを考えます。案外多くの時間を割いていることに気づきますが、この時点で理想の暮らしをイメージできているので、やらなくてもいい家事のムダが見えてくるはずです。

最後に、理想の暮らしを送るために、家事に充てられる時間を決めます。その際、頑張らずにできる時間にするのが重要で、私の場合は1日2時間。時間内に収まるよう、優先順位の低い家事を手放します。

家事のゴールを決めれば、効率的に動けるように

1日2時間家事を行えば、理想の暮らしが手に入ることがわかったので、もうそれ以上頑張る必要はありません。家事のゴールを決めることで、「もっとやらなきゃ」という心の焦りを手放せます。私が家事を朝行うのもこれが理由で、時間のある夜はゴール設定が甘くなり、だらだら行ったり、やりすぎてしまったり。

また、ゴールに向かって小さな目標を段階的に設定することで、より段取りよく効率的に動けます。P16でご紹介する「15分モジュール化」はその一例。1時間の調理を15分ずつの簡単な作業に分解し、ひとつずつこなす。すると、どこまで進んでいるかがわかり、作業の見通しが立って、サクサク進められます。終わった作業は手放せて、やり終えたドリルを1枚1枚破り捨てるように、頭も心もすっきり。苦手な家事でも、「できた、(次も)またできた」とトントンとゴールに辿り着き、家事の成功体験が積み上げられて、自信につながります。

持たない、頼るetc.家事の4箇条で、暮らしはもっとラクに！

ゴールが設定できたら、あとは優先度の低い家事を手放すだけ。家事の手放し方には、いろんな方法があります。

まず、単純にやらない。私の場合は、苦手なことや、自分がやる価値の低いことは、手放しています。逆に、得意なことや、少し手をかけるだけで価値を生み出すものは、手放しません。

私が苦手なのはアイロンかけで、もっぱらクリーニング店にアウトソーシング。食器洗いや床掃除は、機械でも十分きれいになるため、食洗機や掃除ロボットを使うなど、ものに頼って手放していま す。料理は苦手ですが、家族の心の満足につながる価値の高い家事と考えて手放さず、工夫しながら自分でやるようにしています。

ほかには、プロセスを単純化する、少なく持って管理の手間を省くなどがあります。

家事のゴールを決めて、家事を思い切って手放せば、暮らしはもっとラクに。次ページで、そのための4箇条をご紹介します。

シンプル家事4箇条

家事を手放すために、暮らしに取り入れているルールを
ご紹介します。ちょっとした心がけで、すぐ実践できます。

1
暮らしを複雑にしない

家事をラクにするには、暮らしを複雑にしないことです。部屋にあれこれ飾り物がなければ、片づけも掃除もあっという間。料理がシンプルなら、作る手間がかからず、洗い物も少なくてすみます。自分にとっての「心地よい暮らし」のポイントだけ押さえ、それ以外を削ぎ落とすと、暮らしに余裕が生まれます。

2
理由のないものは持たない

週に一度買う卵は10個入りではなく6個入り。卵1パックでも使い道が決まっていないものは買いません。「そのほうが安いから」、「あれば使うから」で買い物すると、つい多めに使ったり結局使わなかったり、ムダな消費が増えてしまいます。本当に必要なものだけを少量買い、使い切る暮らしを心がけています。

3

時間を味方につける

時間をかけて丁寧に家事をするのがよいかというと、必ずしもそうは思いません。最小の時間で最大の効果をあげ、残った時間は家族や自分の楽しみに使いたい。時間を有効に使うため、朝に夕食の支度をして味を染み込ませる、並行タスクで時間をムダにしない、ついで掃除で汚れを溜めないなどを実践しています。

4

人やものに頼る

効率化のためには、人や機械にも頼ります。平日の掃除は掃除ロボットにお任せ、食洗機は朝晩２回フル活用です。洗濯は夜派なので、外干しはせず浴室乾燥機と洗濯乾燥機に頼っています。機械化を進めたおかげで、夫もかなり家事を手伝ってくれるように。ルールはシンプルに、完璧を求めすぎないのがコツです。

私のプロフィール

ものを持ちすぎない小さな暮らしは、海外暮らしや引っ越しで
身についたものです。私と住まいの歴史をまとめました。

0歳	社宅に暮らす		2人姉妹の長女として育つ
3～11歳	ドイツに暮らす	1回目の引っ越し	シンプルで質実剛健な暮らしに親しむ
11～18歳	祖母宅で同居	2回目の引っ越し	初めての自分の部屋は二間続きの和室
18～22歳	実家に暮らす	3回目の引っ越し	念願の個室。インテリアに興味を持つ
22～29歳	ひとり暮らし	4回目の引っ越し	食器は収納ケースひとつ分だけ
		5回目の引っ越し	通勤重視で会社の近くに暮らす
29～31歳	2人暮らし	6回目の引っ越し	夫婦ともに都心のオフィス勤務で、仕事も遊びも満喫
31歳	夫が独立、小さな暮らしへ	7回目の引っ越し	世帯収入半分以下に。車を手放す
32歳	アメリカ単身赴任	8回目の引っ越し	トランクひとつの荷物で暮らせることを知る
33歳	マンション購入	9回目の引っ越し	今の暮らしに必要十分な50㎡1LDKを選択
34歳	長男誕生		育児休職中にライフオーガナイザーの資格を取得

住まいは広さ50㎡のマンション。夫と相談し、「家族の顔が見える距離で暮らそう」と1LDKを選びました。小さな家はものが片づきやすく、掃除もラク。浴室、洗面所、クローゼットが隣接し、洗濯物がスイスイ片づきます。

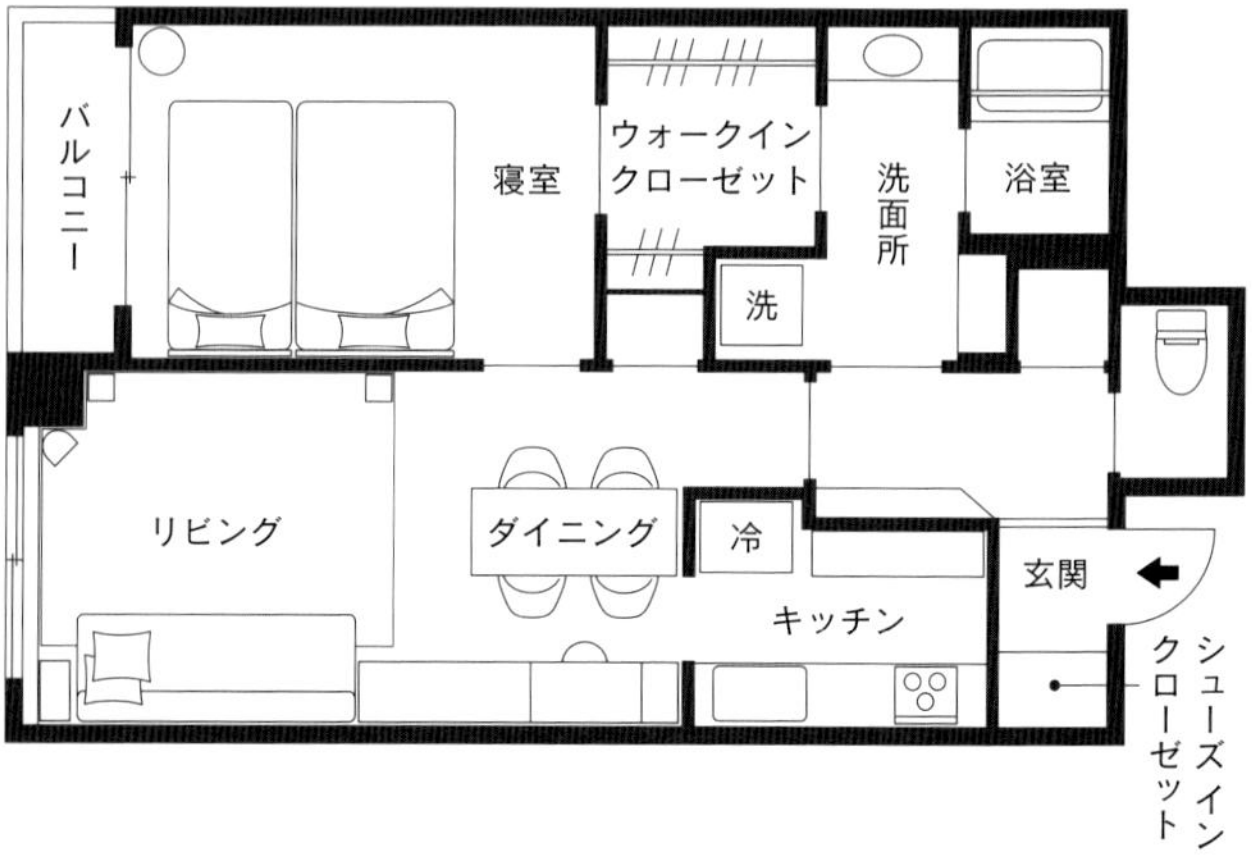

chapter 1
家事の
シンプル化

朝の45分で、夕食の準備をします。煮物は完成させ、みそ汁もみそを溶き入れるだけに。

「朝家事」で家事をやりすぎない

私の家事時間は朝。家族が起き出す7時までの2時間で、1日の家事のほとんどを終わらせます。リビングの片づけ、夕食の仕込み、洗濯物の取り込み……。家事時間が限られている平日は思い切って掃除を手放し、おもに調理と洗濯をこなします。

半年間アメリカで働いていたとき、皆とても朝が早いことに驚きました。朝7時過ぎに出社して、夕方5時には退社。夕食を家族と一緒に摂るために逆算して早く出社するのですが、「帰るために段取りする」という発想に感心したのを覚えています。

家事も仕事と同じ。時間のある夜は、ついだらだらと家事をしがちです。でも朝なら、家を出るまでに、効率的にこなす段取りを考えて動くのでムダがありません。今する必要のないことはしない、一番重要なことに集中する。朝の静かな部屋は集中力を高めてくれ、家事がサクサク進みます。

洗濯物の取り込み

洗濯物を取り込んでクローゼットへ。物干し場は浴室なので、身支度の合間に行えます。

平日の家事スケジュール

朝家事

時刻	家事
5:00	起床 部屋の片づけ
5:15	身支度 洗濯物の取り込み 身支度(続き)
6:00	夕食準備 朝食準備
7:00	朝食
7:30	出勤 朝食後片づけ 子どもの身支度
8:00	保育園送り

※グレー文字は夫の担当。

夜家事

時刻	家事
18:30	保育園迎え
19:00	帰宅 郵便物・宅配便整理 夕食仕上げ
19:30	夕食
20:00	夕食後片づけ 子どもと遊ぶ
20:15	洗濯機を回す 入浴 浴室掃除 洗濯物を干す
21:00	子どもに絵本を読む
21:15	就寝

朝家事の組み立て方

	15分	30分	45分	60分
5時	部屋の片づけ	身支度	洗濯物の取り込み	身支度（続き）
6時	夕食準備（具材のカット）	夕食準備（加熱調理）	夕食準備（非加熱調理）	朝食準備
7時	朝食	朝食		

15分モジュール化で心に余裕を

家事を効率よくこなすため、15分のモジュールに分けて進めることを意識しています。15分はひとつの作業を集中してこなせるちょうどいい時間。勉強や仕事も15分モジュールにすることで、効率よく成果を挙げられます。

モジュール化の利点は、作業計画が立てやすく、進捗が見える化できること。まず、「ここまでやりたい」というゴールに必要な作業を分解し、簡単なひとつの15分ピースにします。それを時間軸に並べ、1ピースずつこなすだけ。進捗を15分ごとに確認できるので、遅れていたら次の工程で調整することも可能。この方法だと、確実にゴールに辿りつけ、「次何しよう」、「これでいいのかしら？」と悩むことなく進めます。

15分でできる家事は意外とあるもの。1時間であれもこれもやらなきゃと考えるより、気持ちに余裕が生まれます。

15分でできる家事

非加熱調理

材料をカットし、調味液を合わせて、混ぜるだけ。写真のキャロットラペなど、マリネや浅漬けなら、15分あればお釣りがきます。

具材のカット

主菜と副菜２品のカットで15分。完成まで１時間と考えると焦りますが、15分あると思えば切ることに集中でき、見た目も整います。

朝食準備

グリルでパンを焼いている間に、野菜スープを温め、ヨーグルトを盛りつけます。湯を沸かしコーヒーをドリップすれば、合計でおよそ15分。

加熱調理

フライパンで作る肉じゃがなど、火の通りやすい煮物は15分１モジュールに。根菜など硬い素材の場合は、２モジュール＝30分確保します。

洗濯物を取り込む

夜に干した洗濯物を取り込み、立ったままたたんで、すぐ隣の収納スペースへ。すべてが洗面所で完結するので、合間にメイクをする余裕も。

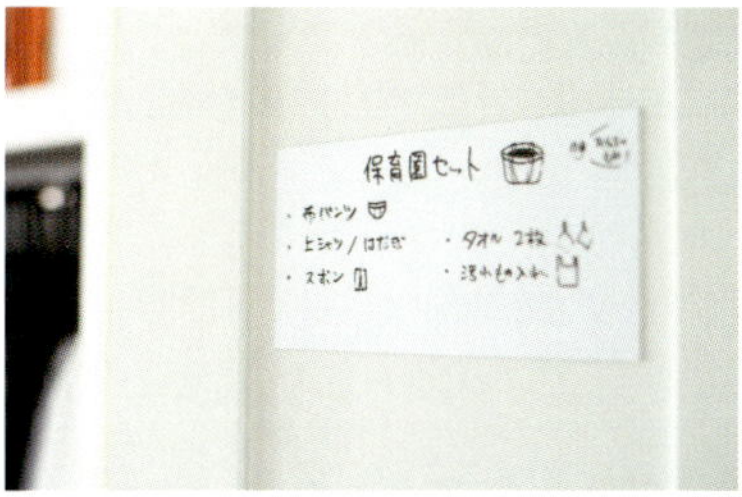

保育園準備

子どもが保育園に持っていくものを引き出しから取り出し、バッグにセット。クローゼットの扉にリストを貼って、夫婦で情報共有。

洗濯は誰でもできる簡単システム

衣類は必要枚数しか持っていないので、洗濯は待ったなし。そのうえ、洗濯の工程は、「仕分け→洗う→干す→取り込む→たたむ→しまう」と案外多いため、それぞれの作業をできるだけ単純化しました。

洗濯は夫婦それぞれで行うため、脱いだ服は人別に脱衣かごに入れ、仕分けの手間をカット。干すのは浴室なので、いつでも洗濯ができます。乾いたら、カットソーなどはハンガーのままクローゼットへ。下着は洗濯機の向かいに収納していますが、1アイテムにつき1ボックスとわかりやすくしました。

ヒットだったのは、人別の脱衣かご。これを始めてから、夫が自主的に洗濯するようになり大助かり。

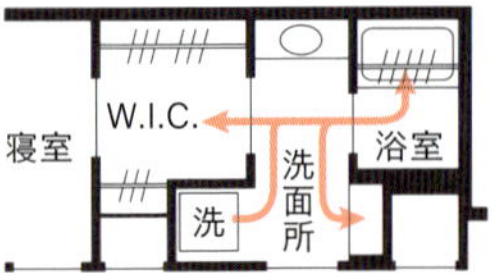

浴室→洗面所→クローゼットが並ぶ間取り。「干す・洗う・しまう」動線が短く、効率的に動けます。

仕分けの手間なし

夫は自分で洗濯をするため、脱衣かごを2つ用意。ひとつを夫、ひとつを子どもと私用にしています。最初から分けて入れれば、洗う前の仕分けは不要。お互い自分のペースで洗濯できます。

いつでも干せる

洗濯物は浴室干しに。外と違って天気を気にする必要がなく、干す日を選びません。入浴中に洗濯機を回し、入浴後に干し、翌朝に取り込み。マンション購入時に浴室乾燥機つきを選びました。

たたまなくてOK

子どものカットソーは、洗濯ハンガーのままクローゼットへ。ハンガーから「外す→たたむ」手間を手放しています。化繊のインナーなどシワが気にならないものもたたまず、放り込むだけに。

1ボックス1アイテム

1箇所に複数のアイテムを収納すると、使っているうちにごちゃごちゃになりがち。見つけづらく、しまうときにも迷うので、小さなボックスに1種類のみ収納しています。写真は夫の靴下とTシャツ。

Bed room

掃除がラクになる部屋づくり

時間に余裕のある土曜には、家じゅうの床をウエスで拭き上げます。時間にして15分。汚れとともに気分もすっきりし、ゆったりとした気持ちで日曜を過ごせます。

これを可能にしているのが、「床にものを置かない」というルール。たとえば寝室は、ベッドと空気清浄機以外、何も置いていません。サイドテーブルもスタンドライトもなし。リビングもテレビやテレビ台は置かず、コーヒーテーブルは折りたたみ式にし、必要なときだけ出して使います。

床だけでなく、テーブルやカウンターなどほこりが溜まる平面には、できるだけものを置きません。リビングの出窓はグリーン、キッチンのカウンターはポットのみ。ものを持ち上げて拭く必要がないので、ウエスを片手にスーッと手を滑らせるだけでOK。掃除のハードルがぐんと下がり、きれいを維持しやすくなります。

床掃除の邪魔になるコードは、リビングボードに穴を開け、中に通しています。家具をオーダーしたときにリクエスト。ほこりがつくのを予防。

ゴミ箱は置かず、レジ袋をフックで吊るしてゴミ箱代わりに。生ゴミはディスポーザー、その他のゴミはマンションの集積所にこまめに運びます。

手にハンドソープを取り、軽くこするだけ。滑りがいいので、道具なしでも簡単に汚れを落とせます。

日々の汚れは「ついで」と「そのつど」で

忙しい平日の家事は、食事の支度と洗濯の2本柱。1日の家事スケジュールに組み込み、計画的にこなしています。

掃除は部屋づくり（P20）と機械に頼って（P30）いますが、とはいえ、家族3人が暮らせば家は汚れるもの。まとまった時間は取れないため、使うたびに軽い掃除をし、汚れを溜めないようにしています。

たとえば、朝の身支度で洗面台を使ったあと、ハンドソープを手につけて磨き、使用済みタオルで水滴をぬぐいます。キッチンのレンジフードやコンロ周りは、料理後のまだ温かいうちなら、ダスターで水拭きするだけで、簡単に汚れを落とせます。浴室は、入浴後にスクイージーで水切りし、掃除用におろした浴用タオルでこするだけ。

いずれもポイントは、その場にあるもので掃除すること。すぐに取りかかれるから、「ついで」と「そのつど」が叶うのです。

上右）重ねたトイレットペーパーに、マーチソンヒュームのトイレ用洗剤「ボーイズバスルームクリーナー」をスプレー。気になる箇所をキュキュッとこすります。上左）熱でゆるんだ油汚れは、水で濡らしたダスターで、さっと拭くだけできれいに。下）湯を抜いたあと、浴用タオルにボディソープをつけ、浴槽をざっとひとなで。水滴は使用後のバスタオルで拭きます。

掃除を片づけから始めない

部屋が散らかっていると、掃除もおっくうに。掃除と片づけを同時に行うと、掃除に行き着く前に疲れてしまいます。

これを防ぐため、ものはできるだけ一時置きせず、収納場所に直行させるよう心がけています。たとえば、洗濯物は一旦ソファなどに置きがちですが、たたんだその足でクローゼットへ。作業を中断すると、再開するときにやる気メーターをまた一から上げなければならず、かえって大変です。

また、部屋を歩くときは、ついでに片づけられるものがないかいつも考えています。洗面所に用事があるなら、キッチンから洗面所までの道順を考え、途中にあるものを拾ってしまっていくのです。

元々は「1歩もムダにしたくない」という合理主義から生まれた「ついで片づけ」。でもそのおかげで、部屋が片づき、掃除がすぐに始められます。

週末掃除はたった4STEP!

週末は、平日の掃除で補えない箇所を掃除します。「トータルできれいになればよし」と考え、手順はごくシンプルに。それでも、大掃除はせずにすんでいます。

ドイツ・レデッカー社のオーストリッチの羽ハタキ。当たりが柔らかく、デリケートな素材でも傷つけません。

1 ハタキがけ

窓を開け放し、羽ハタキでほこりを払います。桟、照明の傘、家具……高所から低所へ、さっとなでるだけ。目につくほこりがなくても、週に1回払うことで、蓄積を防ぎます。

▼

洗剤付きのブラシで、別に洗剤を持つ必要がなし。スクラビングバブルシャット　流せるトイレブラシ／ジョンソン

2 トイレ掃除

便座は平日に軽く拭いているため、便器の中と外、床などを集中的に掃除します。トイレブラシは使い捨てタイプを選び、メンテナンスを手放して。

▼

ワンシーズン着たインナーをカットして再利用。1週間使ったキッチンのダスターを使うことも。

3 ドアを拭く

ドアは案外見落としがちですが、人の目がいきやすいところ。水で濡らしたウエスで全体を軽く拭きます。ドアノブ周りは、念入りに。扉が終わったら、棚やカウンターに移ります。

▼

4 床を拭く

ウエスによる手拭きで、キッチンから玄関へと進みます。最後にたたきを拭いて、そのままゴミ箱へポイ。汚れが間近でよく見えるので、小さな汚れも見落としません。

管理を減らすものの持ち方

持たずに代用する「なくてすませる」、多用途に使う「兼用する」、あれこれ欲張らず「１種類だけ」持つ。ものを少なく持って、管理を手放しています。

なくてすませる

トースター

我が家のグリルは上下加熱式で、食パンもきれいに焼けるため、トースターは持っていません。タイマーをかけて、「つきっきり」もなしに。

スリッパ

実家でもスリッパを履く習慣がなかったせいか、家じゅうどこもスリッパを使っていません。週１回の床の拭き掃除で、裸足でも気持ちよく過ごせます。

ゴミ箱

キッチンの背面カウンターのフックに、レジ袋をぶら下げてゴミ箱代わりに。洗面所などで出るゴミは、そのつどポリ袋にまとめ、キッチンに運びます。小さな家のなせるわざですが、ゴミを集めて回る手間やゴミ箱の掃除を省けます。

炊飯器

炊飯にはル・クルーゼの鍋を愛用。食洗機で洗えるので、使用後の手入れを手放せます。引き出しにしまえて、見た目もすっきり。

車

車は持たず、レンタカーやタクシーを利用。チャイルドシートを持っていれば、カーシェアにも使えます。維持管理の一切をカット。

兼用する

オーバル深皿

パスタや炒め物が映える楕円の大皿。フルーツを盛るのにもちょうどよく、常温で追熟させたいときに重宝しています。

箸・カトラリー・茶碗

箸と茶碗は夫婦で兼用。カトラリーは、子ども用は持たず、デザート用を使っています。「私のはどこ？」と選り分ける手間がかかりません。

住宅洗剤

セスキ、クエン酸、アルコール、酸素系漂白剤の4つで、家じゅうのあらゆる汚れに対応。場所や目的別にあれこれ揃えなくてよし。

ゴマ油

ゴマ特有の色や香りが少ない「太白胡麻油」なら、サラダ油代わりに使えます。軽やかに仕上がるので、バターの代用でお菓子にも。

ホーロー容器

野田琺瑯の「レクタングル浅型Mサイズ」をバット兼保存容器として活用。オーブンでも使えるので、ケーキも焼けます。

1種類だけ

ラップ

持っている食器のサイズに合わせて、20cm1本に。「これはどのサイズ？」といちいち考えなくてすみ、とてもラク。幅が足りないときは端を重ねて連結。

洗濯洗剤

デリケート用や漂白剤を持たず、「arau.」の無添加せっけん1種類のみ。ドラム式乾燥機でふんわり仕上がるため、柔軟剤もなし。

朝食は内容や食器を固定化しておくと、夫が準備に迷いません。私はひと足早く出勤するため、後片づけ、子どもの保育園の送りも、夫が引き受けてくれます。

夫と家事を分け合う工夫

夫婦は家庭の共同経営者と考え、家計を担う重圧も、家事の負担も夫と半分こ。「任せたよ、よろしく」ではなく、2人で分け合い、それぞれが担う役割の一部を互いに引き受けることで、手足を動かす大変さや物事の重みがわかり合える気がします。

そのためには、夫が家事をしやすい、楽しいと思える工夫を。たとえば、朝食はいつも同じ組み合わせのメニューにしたり、見た目が男前な調理器具を揃えたり。洗濯物はボックスに放り込むだけにし、たたむのが苦手な夫でも苦にならないように。息子の保育園グッズはひとつの引き出しにまとめて、夫でも迷わないようにしました。

家事は、妻の「マイルール」が多く、夫は何をどうすればよいのかよくわからないことも。誰にでもできる簡単なしくみにしたことで、夫と自然に家事を分け合えるようになり、私自身もラクになりました。

見た目をかっこよく

ビジュアル重視の夫は、かっこいいものが大好き。キッチンツールは黒で統一し、夫のやる気を引き出します。そのかいあって、夫のおいしい料理が食べられます。

しくみを簡単に

服をたたむのが苦手な夫。そこで、夫がムリなく続けられるしくみを考えました。衣類の収納は、１ボックス１アイテム制にし、中はぐちゃぐちゃでもＯＫに。

場所をわかりやすく

保育園の着替えやタオルは、あちこち探さずにすむよう、１箇所にまとめて。わかりやすい収納は、「あれ、お願い！」と夫に頼みやすくなります。

家事の機械化を進める

家事の役割分担では、我が家も新婚当初一度言い合いに。掃除の交代制を申し出たところ、夫が「どちらもやらずにすむ方法」を提案。その日のうちに掃除ロボットを購入し、以来、私も家事を機械に任せることへの抵抗がなくなりました。掃除ロボットは1日1回タイマーをかけ、家じゅうの床掃除を任せています。

　掃除のほか、食器洗いも食洗機頼りに。食器や調理器具のほとんどを食洗機対応で揃え、こまめに使用。シンクにものが溜まらないと、次の作業にすぐかかれて、時短になります。

　すべての家事を100%はできないので、選択と集中を。機械化により生み出した時間で、料理に手をかけたり、子どもと一緒に過ごします。

洗いものは出た端から食洗機へ。洗剤は「フィニッシュ」のキューブタイプを採用し、量る手間を省いています。

買い物を手放す

子どもの手をひき、重い袋を抱えながらの買い物に疲れ、はたと考えました。買い物を手放す方法はないだろうか？

ネットショップの宅配を利用すれば、スーパーへの往復時間や運搬による体力消耗を手放すことができます。我が家では、食材はＯｉｓｉｘ、日用品はＡｍａｚｏｎやＬＯＨＡＣＯを利用。Ｏｉｓｉｘは、いつも買っている食品や過去の注文履歴がわかるので、買うものを悩まずにすみます。

値段は割高ですが、ムダ買いがなくなってむしろ節約になっているかもしれません。

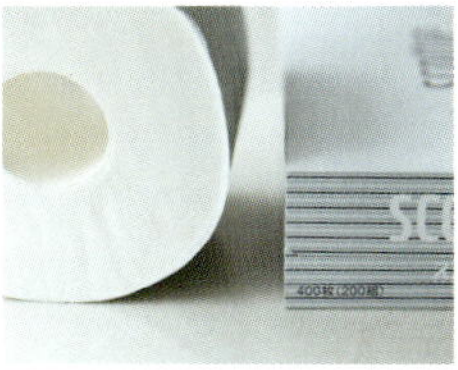

トイレットペーパーは60m巻きより90m巻き、ティッシュは160組より200組を。買い物の頻度が少なくなります。

ひき肉はOisixの150g×3個入りを購入し、小分けの手間を回避。購入後は冷凍庫に放り込むだけなので、ラク。

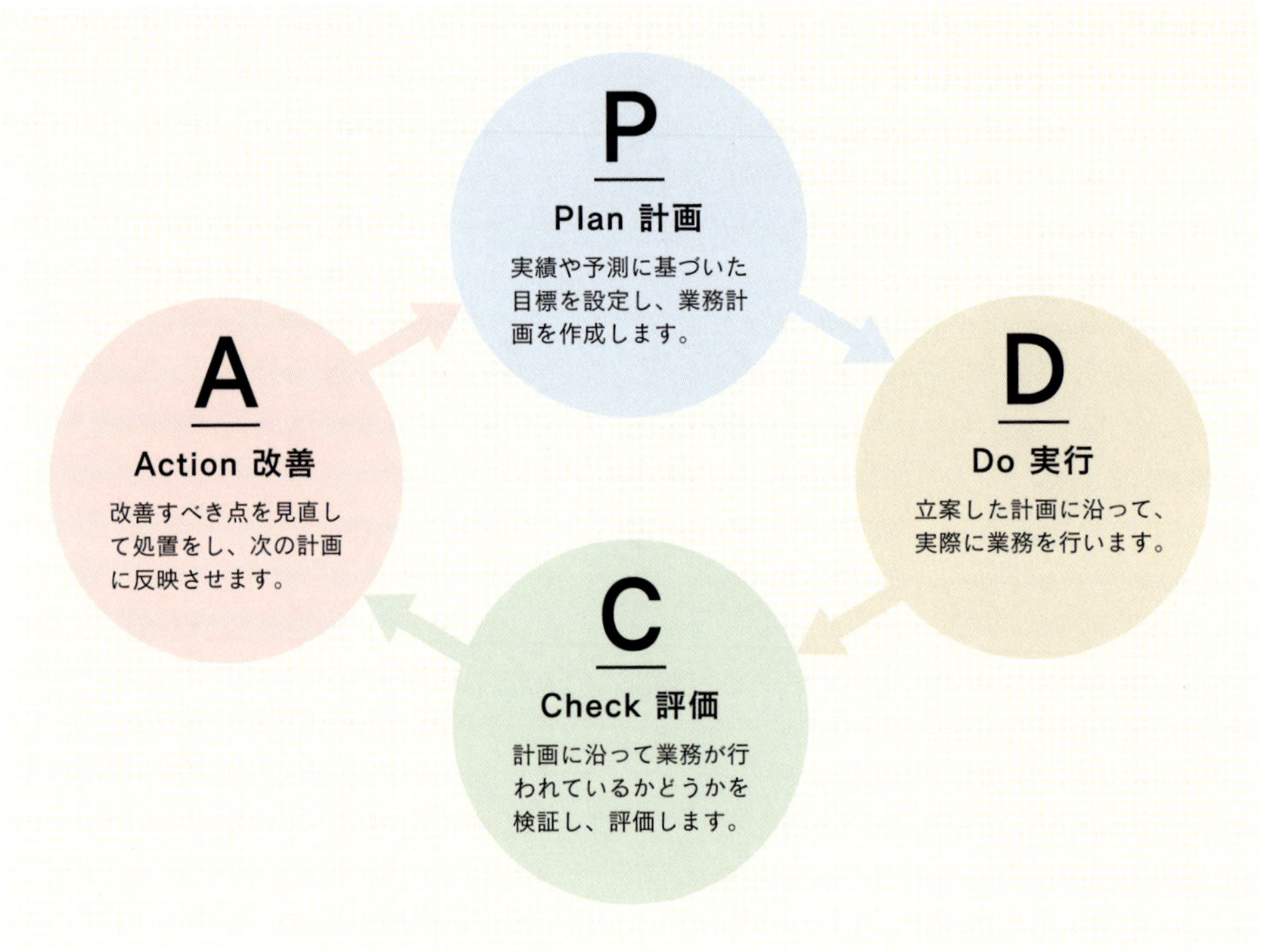
P
Plan 計画
実績や予測に基づいた
目標を設定し、業務計
画を作成します。
D
Do 実行
立案した計画に沿って、
実際に業務を行います。
C
Check 評価
計画に沿って業務が行
われているかどうかを
検証し、評価します。
A
Action 改善
改善すべき点を見直し
て処置をし、次の計画
に反映させます。

「ＰＤＣＡサイクル」で家事を更新する

ＰＤＣＡサイクルをきちんと回す、ということを仕事でもよく言われます。あるプロジェクトを遂行するとき、計画（Ｐｌａｎ）して実行する（Ｄｏ）だけでなく、実行後に効果や問題点を把握・評価（Ｃｈｅｃｋ）し、改善（Ａｃｔｉｏｎ）につなげるというものです。さらにその結果を次のプロジェクトの計画に反映することで、継続的な改善のサイクルが生まれます。

この考え方は家事にも有効です。たとえば食器収納。食器が増えたら、収納方法を見直し、実際に配置換えをしてみますが、なんだか使いづらいな、ということがあります。そんなときは、原因を探って即改善。

ちょっとした使いづらさを放置していると、収納しきれないものがどんどん溜まり、ますます混沌としてしまいます。２週間から１ヶ月程度でＰＤＣＡのサイクルを回すと、いつもすっきりした状態を保てます。

食器収納のアップデート

食の好みや生活の変化で、食器の使用頻度は変わるもの。
出し入れでストレスを感じたら、PDCAを実践し、使いやすく改善。

Before

▼

After

❶後列の皿の使用頻度が上がってきたので手前に出し、前の小鉢は下段に移動。❷形や大きさがバラバラで不安定だった小皿のうち、ほかの皿で代用できるものは処分。残りは上段へ。❸中段に生まれた空きスペースには、重ねて取りづらかった上段のココットをバラし、前後に並べています。

家計費の節約は「月々」より年度管理

私は細かいお金の管理が苦手。買い物はすべてカード決済し、カードの明細書が家計簿代わりです。以前、月々の生活費を週ごと、あるいは費目ごとに袋分けする方法を試したこともありましたが、管理が煩雑になるうえ、「あと◯◯円あるからもう少し買い物ができる」と変に余裕が出てムダ遣いが増加。急な出費に対応できず貯蓄を取り崩すなど、あまり節約になりませんでした。物事を必要以上に細かく管理する「マイクロマネジメント」に走りすぎると、融通が利かず、思い切った投資ができなくなるのは、会社の経営と同じかもしれません。

今は、1ヶ月あたりの生活費×12に帰省費用、予備費を加えた年度予算を立て、細かい費目にこだわらずやりくりしています。たとえば、大きな家電を買い替えた年は生活費を毎月少しずつ節約、逆に生活費で節約ができた年は家族旅行をちょっとリッチに、という具合です。

この方法で、日々の自由度が増したうえ、ときには思い切った買い物もでき、暮らしの満足度が向上しました。

chapter 2
食のシンプル化

シンプルに食べる

新鮮な食材は、ただ焼くだけでおいしいので、調理の手間を大幅に減らせます。野菜もゆでるだけ。調味はそれぞれが食卓で行います。

原料や製法にこだわったものは、素材の味をよりいっそう引き出してくれます。右から、大徳醤油の「こうのとり醤油」、玉泉堂酒造の「玉泉白瀧　三年熟成　純米本味醂」、青砥酒造の「蔵元の料理用清酒　料理の要」、村山造酢の「京酢　加茂千鳥」、チータムソルト社の「南の極み」。

3歳から11歳まで過ごしたドイツの食事は、ゆでたじゃがいもにチーズと塩こしょうをかけて食べるなど、とてもシンプル。実家でも、新鮮な魚を刺身や焼き物にして食べることが多く、「シンプルに食べるのが一番おいしい」と、幼い頃からの食生活を通じて教わってきたように思います。

結婚後も、肉や魚に軽く下味をつけて焼くグリル料理や、野菜をゆでた温野菜など、素材の味そのままの料理がメイン。そのぶん、食材や調味料にはちょっとこだわり、旬の野菜においしい塩やオリーブオイルをかけていただきます。

料理をシンプルにすれば、調理に手間がかからないのはもちろん、調味料を何種類も揃えたり、調理器具をあれこれ使わずにすんで、本当にラク。買い物、後片づけ、在庫管理、メンテナンスなど、調理に関わるすべての面倒をごっそり手放せます。

肉じゃがは、牛薄切り肉をたっぷり使うのが我が家流。砂糖とみりんを入れて、甘めに仕上げます。

献立を定番化する

「今晩のおかず、どうしよう？」。毎日毎日頭を悩ませる献立作りは、食のジャンルや味を絞ることで、考えるのを手放しています。

　まず、ジャンルは家続全員が好物で、作り慣れている和食が中心。中華料理やエスニックなど、作り慣れていないものにはあまり手を出しません。

　夕食は一汁三菜が基本で、主菜、副菜2品、みそ汁、ご飯。副菜は甘辛味、塩味、無味の3通り用意しておけば、主菜にどんな味のものがきても対応できるので、組み合わせに悩まずにすみます。たとえば、塩けの強い塩鮭なら、副菜のひとつを甘辛味の肉じゃが、もう1品はゆでたいんげんをゴマ和えにして甘味を足すといった具合。

手書きのレシピ帳。母の味や一度作っておいしかったものは、アレンジを加えて、メモしています。

ゴマを使って和え物に、白だしで洗ってお浸しに。仕上げのひと手間で味は何通りにも。

塩けが足りないときは浅漬けの登場。かぶときゅうりを塩もみし、切り昆布で旨み出し。

また、副菜は週の頭に向こう3日分ほどをまとめて作っておけば、そのつど作る手間が省けます。

食もバリエーションを持つと献立が複雑化するので、思い切ってシンプルに。それでも毎日違う味を楽しむことは可能です。

三味のメニュー例

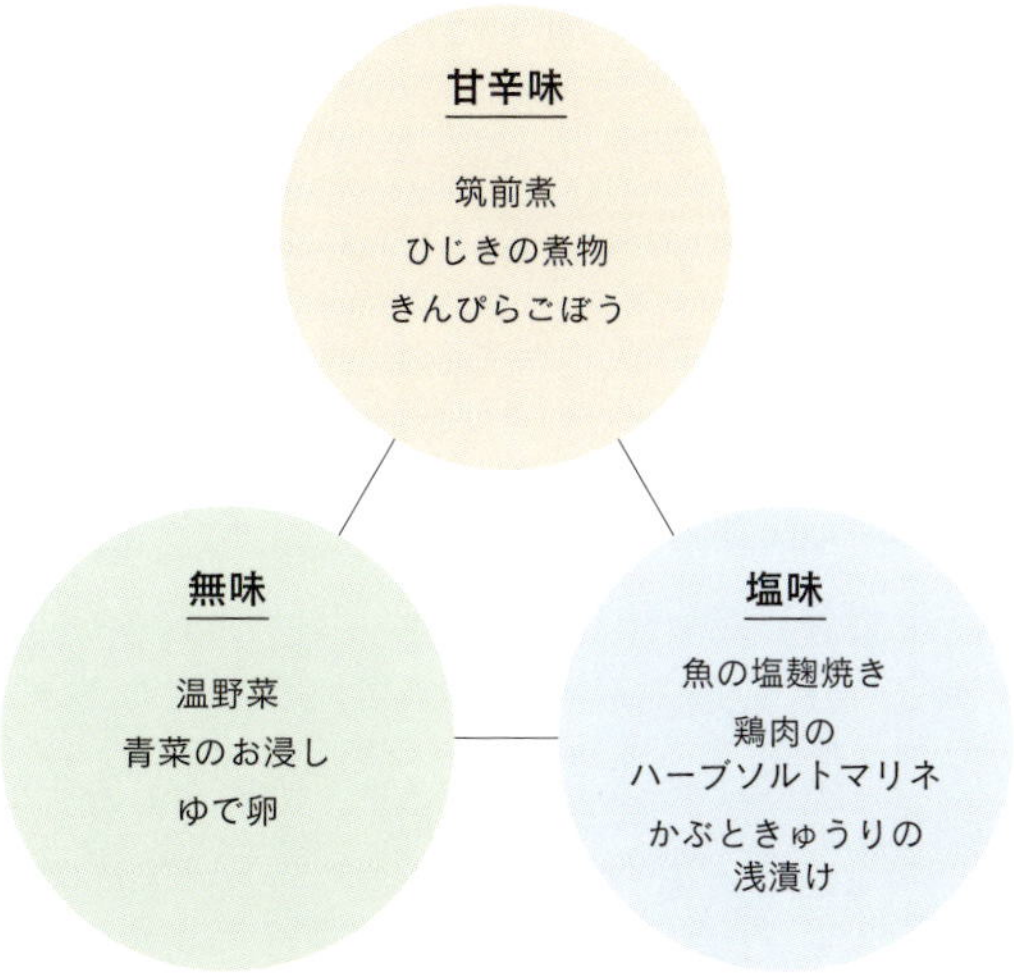

調理は並行タスクが効率的

食事の支度は、なるべく短い時間で、すべての料理がちょうど同時にでき上がるように。料理上手な人なら勘と経験で当たり前にできるのでしょうが、私は頭で理解しないと動けないタイプ。そこで、キッチンに立つ前に、左ページのような作業計画表を頭の中でざっと描いてから、調理に取りかかるようにしています。

たとえば、煮物・温野菜・みそ汁・ご飯を作る場合。3つのコンロを効率よく使うため、鍋を火にかけている間に、まな板や調理台での作業をすませるなど、ムダな待ち時間をいかに減らすかを考えます。ここでも15分モジュール化(P16)が役立ちます。

煮物はまず野菜を切ってからでないと火にかけられないので、その間にコンロで温野菜の湯を沸かしておきます。野菜をゆでたら水に取って冷まし、同じ鍋をさっと洗って今度はみそ汁作り。並行して隣のコン

ロでは煮物を火にかけ始めます。奥のコンロでは別の鍋でご飯を炊きます。
始めにしっかりと計画を立てておけば、煮物とみそ汁が完成する頃、ご飯も炊き上がり、でき立てを味わえます。

4品の調理スケジュール

煮物、温野菜、みそ汁、ご飯の並行作業の例。場所別に15分単位で区切り、重複や空きがないよう、工程をパズルのように配置します。

場所／時間(分)	コンロ1	コンロ2	コンロ3	まな板／調理台
0〜15	お湯を沸かす		ご飯の浸水	野菜を切る(煮物・温野菜)
15〜30	野菜をゆでる	煮物に火を通す	ご飯を炊く	野菜を切る(みそ汁)
30〜45	みそ汁を煮る		ご飯を蒸らす	ゆで野菜を水に取る

「放置」は簡単で最高のテクニック

シンプル家事の秘訣は、時間を味方につけること。何もせずにただ時間をおくだけで味が染みておいしくなる「放置料理」はその代表例で、私の献立の柱でもあります。

魚の塩麹漬けは、塩麹をまぶして冷蔵庫でひと晩放置。塩麹をぬぐってグリルで焼けば、酵素の力で旨みの増したおいしい魚を味わえます。解凍したのに食べそびれた魚を保存するときも、この方法を採用。

冷蔵庫で2~3日放置すると、独特の風味が出て、味わい深くなるのが鶏ハム。塩と砂糖を擦り込んで放置した鶏胸肉をラップで包み、たっぷりの湯に入れて火を止め、冷めるまで放置すればでき上がりです。

ピクルスは、酢、白ワイン、砂糖、塩の漬け汁を煮立たせ、野菜、ローリエ、粒こしょうを加えて、冷蔵庫で半日放置。保存がきいて、食べそびれてもロスにならないのも、「放置料理」のいいところです。

時短化には炒め物より焼き物

スピード料理の代表、炒め物。材料をザッと切ってパパッと炒めるだけなので、なるほど時短です。でも、私の場合、急いでいるときほど、焼き物や煮物を作ります。

その理由は、調理を手放せるから。下ごしらえさえすれば（私は朝にすませます）、煮物ならコンロに、焼き物ならグリルに任せて、別の調理にかかれます。同時進行で調理が進むため、一度に何品も作れて、結果的に時短。一方、炒め物は、調理の間つきっきりになるので、1品しか作れません。

同じ理由から、時間のないときはパスタも外します。おいしく食べるには、ゆで上がるタイミングが大事で、そちらに気を取られてほかの作業がストップするからです。

調理もつきっきりをやめて手放せば、時間を有効活用できてラクチン。完璧主義の割に要領の悪い私が見つけた「ほったらかし」調理法です。

週後半のレスキューメニュー

余力がなくなる週後半は、朝の仕込みや夜の仕上げがラクなメニューを。
手間がかからないものなら、残業の日も夫が仕上げをしてくれます。

仕込みがラク

チキンライス

全部作らなくて時短

ご飯は食べる前に加えるので、具を炒めて調味するだけ。鶏肉、玉ねぎ、にんじん、ピーマンを切り、コーンも加えて炒めたら、トマトピューレ、コンソメ、塩、こしょうで調味。

そぼろ丼

切る手間なし。火を通すだけ

鍋にひき肉としょうが、砂糖、しょうゆ、酒を入れて火にかけ、菜箸で混ぜる。卵も砂糖、みりん、塩で調味した卵液を煎りつけるだけ。切るのは彩り野菜だけで、ラクチンです。

ポトフ

ざっくり大きめにカット

材料を大きめにカットすることで、切る時間を節約。じゃがいも、にんじん、セロリはひと口大に、キャベツはざく切りにします。味つけも、コンソメ、塩、こしょうとシンプルに。

すぐできる

蒸し豚

鍋に入れて放置するだけで完成

蒸し器を使わず、クッキングペーパーを利用。鍋にクッキングペーパーを敷き、中に豚塊肉、ねぎ、しょうがを。クッキングペーパーと鍋の間に水を差し、フタをしてスチーム。

キャベツときゅうりの浅漬け

市販の白だしで本格味

光浦醸造の白だし「まほうだし」を使ってだしと調味料を合わせる手間をカット。きゅうりとキャベツを切ってジッパー袋に入れ、塩、白だしを入れて手でもみ、５～10分放置。

小松菜と油揚げのさっと煮

冷凍刻み揚げを活用

油揚げは、カットして冷凍保存。鍋にだし、しょうゆ、みりん、砂糖を入れて火にかけ、冷凍刻み揚げ、小松菜の順に加えて、ひと煮立ち。しばらく煮含ませればでき上がり。

食品は「なんとなく」買わない

写真の食品は、毎週決まって購入するもの。卵6個や牛乳1ℓ、ヨーグルト400gは家族3人の1週間分です。

食品は「あれば何かに使える」と思ってなんとなく買い、結局使わずダメにしてしまった経験から、作るものを決めて使う分だけを買っています。たとえばある1週間は卵を使ってだし巻き卵・ポテトサラダ・かき玉汁を作るとしたら、卵6個入りで十分。「あれば安心」、「おそらく使うだろう」で10個入りを買うことはしません。

週に一度宅配スーパーで注文する際に、向こう3日分ほどの献立を考え、必要なものを購入。残りの4日分は、「先週は和食が多かったから、今週は洋食を多めに」と方向性だけを決め、使い回ししやすい定番食材を選ぶようにしています。

毎週、宅配が届く日の朝には食べ切り、冷蔵庫は空っぽ。気分まですっきりします。

卵1パックも計画的に

月曜日は
だし巻き卵

弁当用やサブのおかずに使う小ぶりなもので、3個あれば十分。だしの代わりにP45で紹介した「まほうだし」を水で希釈し、手軽に作ります。

水曜日は
ポテトサラダ

2個をゆで卵にし、ざっくりつぶして混ぜ、マヨネーズにコクをプラスします。にんじんを生のまま小さく刻んで入れるのが、我が家流。

金曜日は
かき玉汁

火の通りが早い卵は、時間がないときに重宝。溶き卵を流し入れたあと、少し火が通ってから大きく混ぜれば、1個でもボリューミーに。

マヨネーズ

大きめの計量カップに材料を入れ、ブレンダーで混ぜるだけ。卵1個で約1カップできるので、ポテトサラダなどを作るときに。

卵 ＋ オイル ＋ 酢 ＋ 塩

ケチャップ

チキンライスやハンバーグのソースに、トマトピューレを代用。1回分ずつ分けて冷凍しておけば、ポンと放り込むだけ。

フレンチドレッシング

オリーブオイルと酢は1対1.5を目安に。＋しょうゆと砂糖で和風、＋手作りマヨネーズと粉チーズでシーザーサラダドレッシングに。

オイル ＋ 酢 ＋ 塩 ＋ こしょう

チューブわさび

わさびが必要なのは、刺身や寿司を食べるとき。いずれもわさびの小袋が添付してあるので、それを使います。

「常備品」は持たずにすませる

ドレッシングは塩とこしょう、オリーブオイルだけでもおいしいですが、少し味を変えたいときは、家にある調味料を加えるだけでバリエーションが楽しめます。

写真のフレンチドレッシングを基本に、しょうゆを足せば和風にもなるので、市販品をいくつも持たなくてOK。管理を手放せ、味も好みにできて、言うことなしです。

マヨネーズやケチャップも、使い切ってもすぐには補充をせず、必要なときに買い足します。その間は、自分で作ったり（意外と簡単！）、ほかのもので代用したり。

また、冷蔵庫にありがちな薬味チューブも、常備していません。料理に多用するしょうがは生を使い切り、刺身につけるわさびは商品についているものを利用します。

常備品が少ないと、冷蔵庫も収納スペースもすっきり。キッチンが広く使え、作業がはかどります。

詰め替えない

たとえばｉｗａｋｉのオイル差しやＯＸＯのポップコンテナなど、おしゃれな容器がずらりと並ぶ光景は憧れ。

私もこれまで何度も詰め替えに挑戦しましたが、どうしても長続きしません。補充の手間が面倒で、衛生面も不安。それに、狭い我が家では、詰め残しを保管するほど、スペースに余裕がないのです。

乾物や調味料は詰め替えず、売ってある袋や瓶のまま使用。乾物は白のケースにまとめ、スパイスはフタが黒のものを探し出しました。液体調味料も、透明ガラスとゴールドのフタで統一。

苦手な詰め替えは手放し、得意なリサーチで見た目が好みのものを探し、面倒や不安を回避。すっきりキッチンを実現しています。

冷蔵庫のドアポケットで目立つみそは、ケースごと収まるホーロー容器の中へ。詰め替えずにすっきりが叶います。

キッチン収納

シンク側

鍋や食器など、食事の準備に必要な道具を収納。背が高い私や夫は高所が使いやすいので、足元ほど使用頻度の低いものを収納しています。

食器・保存容器

食器棚は持たず、吊り戸棚に食器を収納しています。手の届きやすい3、4段目はよく使うもの、2段目は大皿など。種類の違うものは重ねず、出し入れをシンプルに。

1段目は、保存容器や製菓道具。じか置きせず、取り出しやすいよう、ボックスに入れて。

左側に朝食器をまとめて

パン皿やマグカップなど、朝食用の食器は左側に。片方の扉を開ければ、準備が整います。

お茶セット

ダイニングに近い場所には、ティーカップや茶葉を。テーブルに出しやすく、ゲストをお待たせしません。湯のみは持たず、持ち手のないカップで兼用。

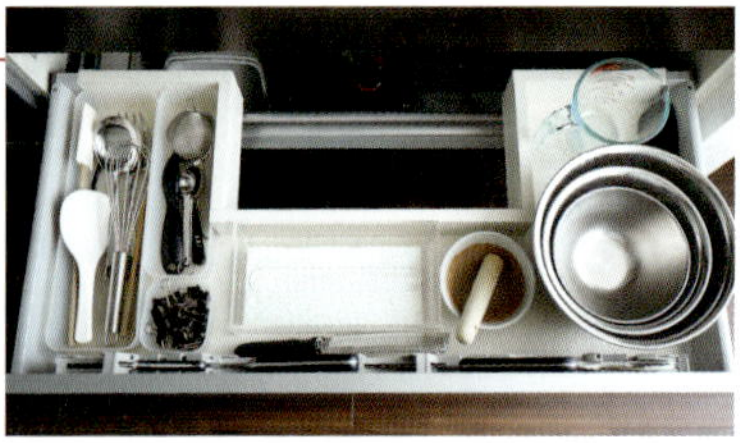

調理ツール

包丁やピーラー、ボウルなど、おもに調理の下ごしらえに使う道具を収納。キッチンペーパーは、片手で取り出せるよう、ティッシュケースに入れています。ダブルクリップは袋留め用。

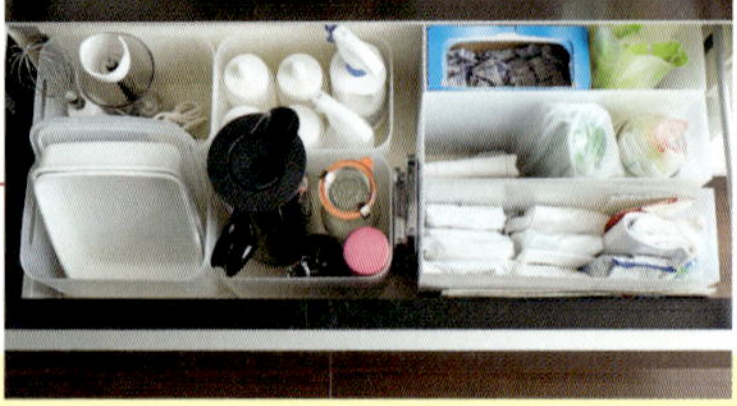

掃除グッズ

洗剤、レジ袋、ウエスetc. 掃除グッズのほか、ジャグやブレンダーなど背の高いものを。ファイルボックスなどに立てて入れ、スペースをムダなく活用。

洗って乾かしたジッパー袋は、空き瓶に立てて収納。新品と区別し、使い分けています。

ジッパー袋干し場

はめ込み型の照明スペースにつっぱり棒を渡し、ピンチつきのフックをぶら下げて、ジッパー袋を乾かす場所に。

ターナー、レードル

コンロに一番近い引き出しには、ターナーやレードルなど、調理中にパッと手にしたいものだけを。

鍋、塩・こしょう

火にかける鍋はコンロ下。シンクからは離れていますが、水はすぐ後ろにあるウォーターサーバーから汲むので便利です。手に取りやすい手前には、塩、こしょうを。

場所を取るホットプレートやカセットコンロは持たず、卓上のＩＨコンロを。面倒なカセットガスの処理もなし。

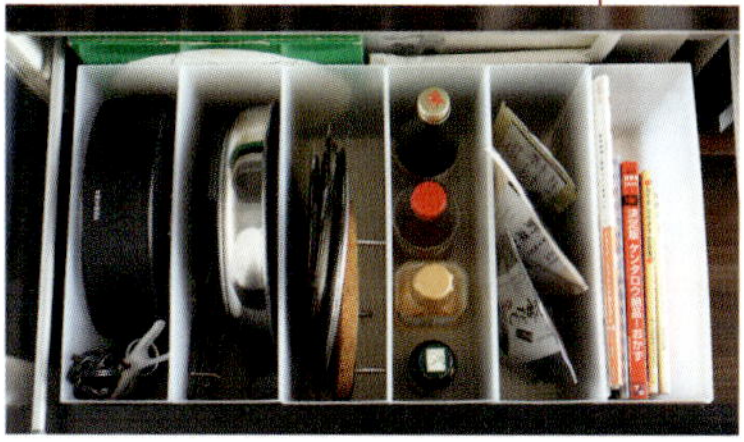

フライパン、レシピ本

引き出しをファイルボックスで仕切り、フライパン、鍋ブタ、油、だしパックを収納。それぞれが出し入れしやすく、ありかがひと目でわかります。調理中に必要なレシピ本もそばに。

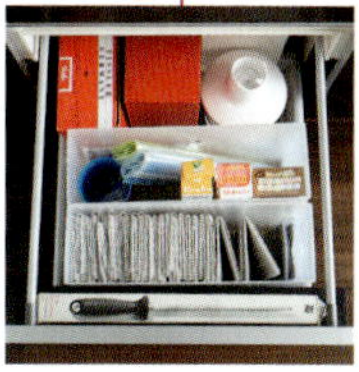

ダスター、使用頻度の低いもの

食洗機下の引き出しは使いづらいので、普段あまり出し入れしないものが中心。ちょっと引き出せば取れる手前には、ダスターとＰ55で紹介した包丁の研ぎ棒を収納しています。

食器で料理をおいしく見せる

実家で母が使っていた食器は、ロイヤルコペンハーゲンの「ブルーフルーテッド」。来客用ということもあり、皿に盛った料理はどことなく特別なものに見えました。

その影響もあって、食器はロイヤルコペンハーゲンやリチャードジノリを愛用。私の料理は、魚や肉のグリルなどシンプルなものが多いので、装飾のないプレーンな皿に盛ると、見栄えがしません。でも、写真の食器のように地模様やレリーフ（浮彫）のある少し華やかな皿に盛ると、見た目の満足感がアップ。おいしそうに見えます。

値段は写真の皿で1枚20000〜5000円くらい。少し値は張りますが、見た目の「上乗せ」を考えれば、元を取るだけの価値は十分あり。クリスマス時期などのセールで、少しずつ集めたものです。

来客用にも使えるので、たくさん持たなくてもOK。収納スペースも節約できます。

右は離乳食用に使っていたチュチュベビーの「小分けパック120㎖」で、電子レンジ可。中央の200㎖、左の600㎖はネットショップで見つけたもの。

保存容器は容量で買う

作り置きのおかずを保存容器に詰めたとき、いつも容器の上部が余るので、「もしかして大きすぎる？」と疑問に。我が家の冷蔵庫は3人家族にしては小さめなので、スペースのムダは命取り。中身と容器の容量がぴったり合うよう、保存容器の見直しを始めました。

　いつも余る容量を体積で表すと大体100㎖。今までは700㎖の保存容器でしたので、600㎖のものに（写真左）。保存容器の裏に書いてある「満水時容量」はフタを閉めると溢れるため、少し多めの容量を選ぶといいようです。

　写真中央は冷凍ご飯一膳用（200㎖）、写真右はちょっと残ったおかず用（120㎖）など、我が家のいつもの量に合った保存容器を。冷凍ご飯一膳用など温めが必要なものは、耐熱温度も確認。140℃以上あれば電子レンジにも安心して使えます。

だしを取る

砂糖を溶かす

卵を溶く

計量カップは大きめを多用途に

パイレックスの「メジャーカップ500㎖」。安定感があるので、混ぜる・合わせる作業が得意。持ちやすいハンドルも◎。

計量カップは200㎖がポピュラーですが、私が選んだのは大きめの500㎖。耐熱性のパイレックスで、米や調味料の計量はもちろん、調理にも重宝しています。

ボウルとして、卵を溶いたり、調味料を合わせたり。適度な深さがあるため、ブレンダーを使ってマヨネーズも作ります。また電子レンジにかけられるため、酢の物で酢に砂糖を混ぜるときなど、あっという間に溶かせます。ほかにも、鍋と違って置き場所を取らないので、水にだしパックを入れて、冷蔵庫でだし取りも。ガラス製で、においがつきづらいのも利点です。

小さな家暮らしでサイズに敏感な私も、これだけは例外。「大は小を兼ねる」で助かっています。

ロスなく収まるキッチンツール

ドイツ暮らしの経験から、道具は合理的なデザインが好み。
収納にムダがないことも、条件のひとつです。

取っ手が取り外せる

着脱式の取っ手で、収納時は取り外すことができ、フライパンを重ねてしまえます。インジニオ・ネオ IHステンレス セット3／ティファール

入れ子式ですっきり

着脱式の持ち手で、重ねて入れ子式に収納できます。ツヤ消しステンレスのシャープな見た目も好み。クリステル　L深鍋／チェリーテラス

重ねてしまえる

柳宗理のボウルは16、19、23㎝を愛用。重ねればひとつ分のスペースで収まります。指紋がつかないツヤ消し。柳宗理　ボウル／designshop

持ち手が倒れる

場所を取る持ち手がパタンとたためます。省スペースに収まるうえ、持ち手が引っ掛からず、出し入れしやすいのも◎。STABIL／イケア

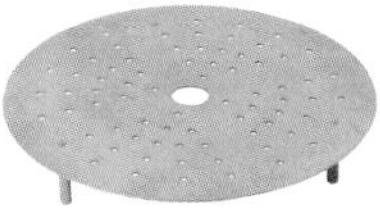

鍋にすっぽり

凸凹や継ぎ目のないシンプルなつくりで、メンテナンスがラク。鍋と口径を合わせて、中に入れて使います。スチームプレート／フィスラー

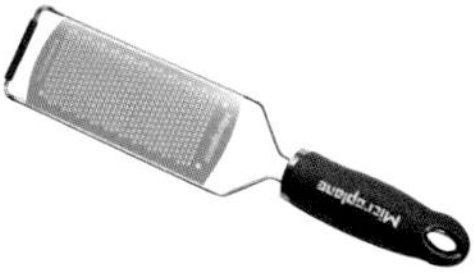

フラットな形状

受け皿のないシンプルなおろし金。薄くてスリムなので収納場所を選びません。マイクロプレイン　ジャパニーズスタイルグレーター／池商

幅狭でコンパクト

T字タイプのピーラーに比べて幅狭で、ほかのツールと引っ掛かりづらいのが特長。握りやすさも魅力。現在は仕様を変えて販売中。／ボダム

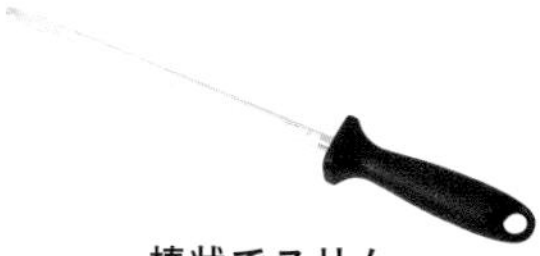

棒状でスリム

隙間に収納できる研ぎ棒。丈夫な素材で、15年使っても切れ味はそのまま。ナイフシャープナー（スティック）／WMF（ヴェーエムエフ）

キッチン収納

背面カウンター

家電置き場と食品収納を兼ねた背面カウンター。できるだけものを置かず、配膳スペースとして使っています。

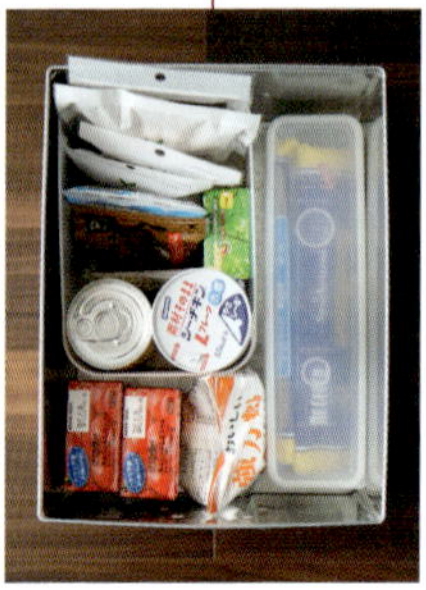

食品ストック

未開封の乾物や缶詰、パスタなどを、ボックスひとつ分だけ。上から見てわかりやすいよう、入れ方をひと工夫。

非常用食品

非常食は、日常的に食べてなくなったら買い足すローリングストック法で、消費期限切れを回避。カレーやスープ、グラノーラなど。

掃除ロボット置き場

掃除の起点になるキッチンに掃除ロボットを収納。コンセントもあるので、充電が可能です。高さを合わせてラックを組み立てました。

トレイ、コースター

カウンターの下には、トレイとコースターを。さっと出せて、食事やお茶の準備が早く整います。手に取りやすい高さなので、戻すのも便利。

子ども用食器

子どもの手が届きやすい1段目は、子ども用のプラ容器を。カトラリーも一緒にまとめて、自分で用意できるようにしています。

米

食品はシンク側には置かず、すべて背面カウンターに。米も一緒に置いて、夫にわかりやすくしています。フタつきのトタンボックスに保管。

ゴミ袋

シェルフの脇にS字フックを引っ掛け、レジ袋を吊るして簡易のゴミ箱に。生ゴミ以外の家じゅうのゴミをここにまとめています。

箸、ラップ

配膳はカウンターで行うため、箸や箸置きはすぐ下に。仕切りケースを使い、アイテムや種類で分けて入れ、混在を防いでいます。

ラップはレンジのそばが使いやすい

ラップを使うのは、電子レンジで温めるとき。ここなら、使用前と使用後のどちらもラク。

収納もサイズを合わせてすっきり

引き出しとインナーケースは無印良品。ぴったり収まるので、スペースのムダがありません。収納を変えても、合うケースが見つかるので便利。

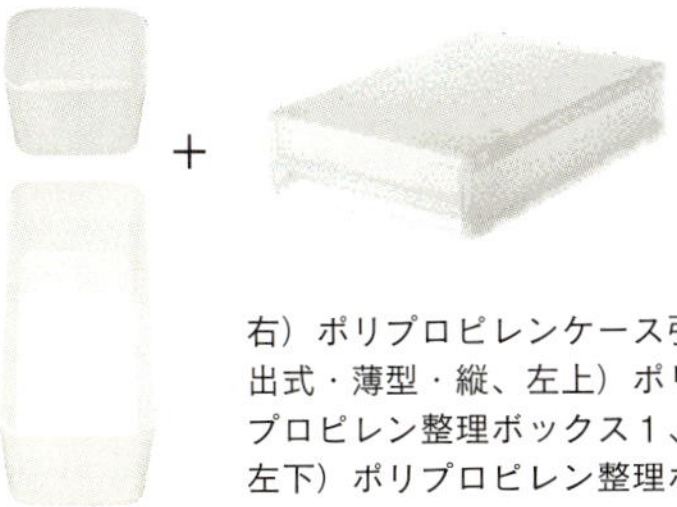

右）ポリプロピレンケース引出式・薄型・縦、左上）ポリプロピレン整理ボックス1、左下）ポリプロピレン整理ボックス2／無印良品

カトラリー、アルミホイル

カトラリーは、アイテムで分けず用途別に。使うときに一緒に出せて、合理的です。右が食事用で、左がお茶用。隙間にはホイルを。

トレイで配膳の時短化

軽くて扱いやすいので配膳用に最適。水にも強く、汁物をこぼしても染みません。トレイ1005／サイトーウッド

私はどこか時間にケチで、気がつくといつも自分の行動の「ムダ」を探しています。

たとえば、食事の配膳もそのひとつ。食器を運ぶのにキッチンとテーブルの間を何往復もするのは、とてもムダに感じます。夕食なら食器は家族3人15枚として、両手で運んでも8往復。後片づけを含めれば16往復にもなってしまいます。

配膳は、カウンターに並べたトレイに、食器をのせて盛りつけ、一気にテーブルへ。トレイは3枚なので、3往復ですみます。

この方法だと、食事のスタートが揃うので、子どもが先に手をつけることもなし。こぼしてもトレイの中なので掃除がラクです。

私にとってトレイは、毎日の時短に欠かせないアイテムです。

＼ ボックスひとつだけ ／

食材ストックは最小限

食品も消耗品も、ストックは最小限。本当に切らすと困るものだけを持つようにしています。家が狭いのが理由のひとつですが、収納場所に悩んだり、消費期限を気にしたり、管理のために常に思考の一部を占拠されるのがイヤなのです。

食品は災害対策を兼ねて、1週間分を目安にストック。それ以上は溜め込みません。切り干し大根やひじき、ツナ缶など、いずれも我が家の食卓に欠かせないものばかりです。これらをトタンボックスひとつにまとめ、ここを開ければ在庫がひと目でわかるように。

これは私のケースで、ストックの適正量は暮らし方に応じて人それぞれ。大事なのは、「考えなしにストックしない」ことだと思います。

冷蔵庫収納

冷蔵庫は見渡しやすさを第一に、引き出す、立てる、ゆったり並べるなど、工夫を凝らしています。363ℓと小さめですが、食品と調味料のほとんどを収納。

フリーボックス

1段目は浅いボックスを並べて、フレキシブルに使用。左はふりかけや佃煮などの袋物、右は来客用のお菓子などを収納しています。

作り置き

視線の高さの2段目は、もっとも使いやすいゴールデンゾーン。おかずの作り置きを見やすく並べ、食べどきを逃さないように。

鍋置き場

朝に仕込んだ煮物や下味をつけた魚など、夕食のおかずは3段目。鍋ごと入れられるよう、普段は空けています。

夫専用調味料

中華料理は夫の担当。ウェイパーや豆板醤などの調味料をセットにすれば、ボックスごと出し入れできてラク。

乾物

開封済みの乾物。消費ペースが早いので、袋留めにダブルクリップを採用。かさばらずたくさん収納できます。

製菓材料

つい忘れがちなチルド室には、ときどき作るお菓子に入れるドライフルーツやきび砂糖などを収納。

ボックスで奥を引き出しやすく

低くて見えづらい4段目は、棚にボックスをプラス。引き出して使うことで、奥が見やすく、死蔵品を生みません。

半透明で中身がうっすら見えるので、見つけやすく、冷蔵庫もすっきり。ポリプロピレンメイクボックス・½／無印良品

野菜室

重ならないよう、かごに立てて

プラかごで仕切って、野菜を種類別に保存。買うものは季節で変わるので、葉物、根菜など、ざっくりした分類にしています。できるだけ立てて収納し、使い忘れを防ぐように。

手が届く位置に子どものおやつを

子どもが自分で用意できるよう、低い位置におやつを。ダイニング側に置いて、動線を短くしています。使いかけの野菜は、鮮度を保つジッパー袋「P-プラス」（住友ベークライト）に入れて、新鮮保存。

冷凍室

ファイルボックスで仕切って見つけやすく

ファイルボックス3つは、2つに肉や魚、ひとつにそれ以外のもの（刻んだ油揚げやバターなど）を。立てて入れれば深さをフル活用でき、省スペースに収まります。左端は食パンの定位置。

ご飯の残量がひと目でわかる

ご飯は鍋で炊くので、冷凍保存は必至。1段に並べれば上から一目瞭然で、炊飯の必要性が瞬時にわかります。電子レンジ側に置けば、パッと取り出せてスピーディー。

＼肉は2分類／

肉は下準備の要不要で分け、時短に役立てています。左がチキンナゲットなど不要なもの、右が塊肉など必要なもの。

調味料の一元管理で夫も使いやすく

調味料のなかには、開封後に冷蔵保存するものも。それなら冷蔵庫にまとめたほうが、あちこち置くよりもわかりやすいと思い、調味料は全部冷蔵庫に収納しています。

ドアポケットなら、パッと目について探すのも簡単。一気に取り出せ、すぐ調理にかかれます。補充のタイミングを逃さないため、ストックを余分に持つ必要もありません。上段にはみそや砂糖、塩などの基本調味料、中段にはスパイスやハーブ、下段には液体調味料を配置しています。

例外は冷やすと固まる油で、これはコンロ下に。また、調理中に加減する塩、こしょうは別に持ち、さっと使えるようコンロ下の引き出しが定位置です。

1箇所にまとめて置くことで、「大体このあたりにある」と夫にもわかりやすく。「あれどこだっけ?」と聞かれずにすみ、お互いにストレスフリーです。

chapter 3
収納の シンプル化

家は収納庫ではなく作業台

収納のための家具は買わない、と決めています。家族の服はウォークイン・クローゼットに、食器はキッチンの吊戸棚に収め、チェストや食器棚は持っていません。

私にとって家は、ひとつの大きな作業台。収納家具が部屋を占拠すると、作業台はどんどん狭くなって作業がしづらくなります。テーブルにものが置いてあると、小さくなって作業しないといけないのと一緒です。

部屋に収納家具を置かなければ、広々とした作業スペースを確保でき、何をするにもどこへ行くにもスムーズ。いつでも作業を始められ、終わったらさっと片づけて、またすぐ次の作業に移ることができます。とにかく、何かしたいと思ったとき、思考の流れを邪魔せずに始められることが大切。

造りつけの収納スペースを駆使し、動きやすいスペースを確保して、毎日の家事が効率よく進められるようにしています。

テーブルで使う書類や文房具、衛生用品は、すぐ後ろの収納棚に。出し入れの動線が短いと、ものが片づきます。棚板を追加して収納量をアップ。

ティッシュも出しっ放しにせず、リビングボードに収納スペースを確保。すぐに作業が始められるよう、テーブルはすっきりを維持。

時間管理のマトリクス

	緊急	緊急でない
重要	**第Ⅰ領域** ・危機や災害、事故、病気 ・締め切り直前のタスク ・クレームへの対応 ・自分が中心となって進める会議の取りまとめ	**第Ⅱ領域** ・人間関係作り ・予防行為 ・再新再生（自分を磨くこと） ・準備や計画 ・適度な息抜き
重要でない	**第Ⅲ領域** ・無意味な電話やメールへの対応 ・突然の来訪 ・多くの会議 ・無意味な接待やつき合い ・多くの報告書	**第Ⅳ領域** ・暇つぶし ・長時間、必要以上の息抜き ・だらだらとした電話 ・世間話 ・その他無意味な活動

出典：Franklin Planner Japan Co.,Ltd 2010

散らかる前のしくみづくり

片づけてもまたすぐに散らかる、おもちゃや洗濯物……。片づけに追われる毎日では、身も心も休まる暇がありません。

そんなとき役に立つのが、「時間管理のマトリクス」。日々の行動を「重要度」と「緊急度」で4つに分類し、本当にやるべきことを明らかにするためのツールです。このツールで興味深いのは、第Ⅱ領域（重要だけれど緊急ではない）に充てる時間を増やすと暮らしが豊かになると説いていること。

これを片づけに当てはめてみると、先に挙げたおもちゃや洗濯物を片づけるのは、第Ⅰ領域の「重要かつ緊急なこと」。すぐにやらないと掃除ができないし、明日着る服がありません。一方、これらが散らからないしくみを作るのが第Ⅱ領域。決して急ぎではなく、時間もかかりますが、一度やっておけばその後の片づけがラクになる、じつはとても大事な家事なのです。

我が家は７割片づくしくみ

たたむのが苦手な夫には、仕切り板などで細かく仕切らず、口の広いボックスを。ポイと放り込むだけなら、面倒に思わず、洗濯した靴下をすぐに片づけてくれます。

ボックスの中は ごちゃごちゃでＯＫ

住所を決めづらい雑多なものは、あちこち置いて散らかりがち。かごをひとつ置いて、帰る場所を用意すれば、ラクに片づきます。写真は夫の「なんでもボックス」。

なんでも入れてよし。 逃げ道をひとつ

右）ものの適正量は人それぞれ。タオルが1枚ですむ理由に着目します。左）洋服を立てるメリットは我が家に有効？　環境やライフスタイルを照らし合わせてみて。

収納本はテクニックより理論を真似る

学生時代、公式にこだわるあまり、パッタリできなくなった数学の授業がありました。本質を理解していないから、ちょっとした応用問題に対応できないのです。

収納もこれに似て、テクニック（公式）にとらわれ、本質（理論）を理解しないと、失敗することが多いように思います。

テクニックとは、たとえば「タオルは1枚だけ」、「洋服は立てて収納する」など、「何をどうするか」ということ。一方本質は「なぜそうするのか」という理由で、このケースの場合は「毎日洗濯するから（タオルは1枚）」、「上から見つけやすいから（立てて収納する）」になります。洗濯が2日に一度なら、タオルは2枚でもいいのです。

雑誌で収納記事を見るときは、テクニックの裏にある本質を探り、自分の暮らしに当てはめる。そうすることで、自分に合った収納法が見つかります。

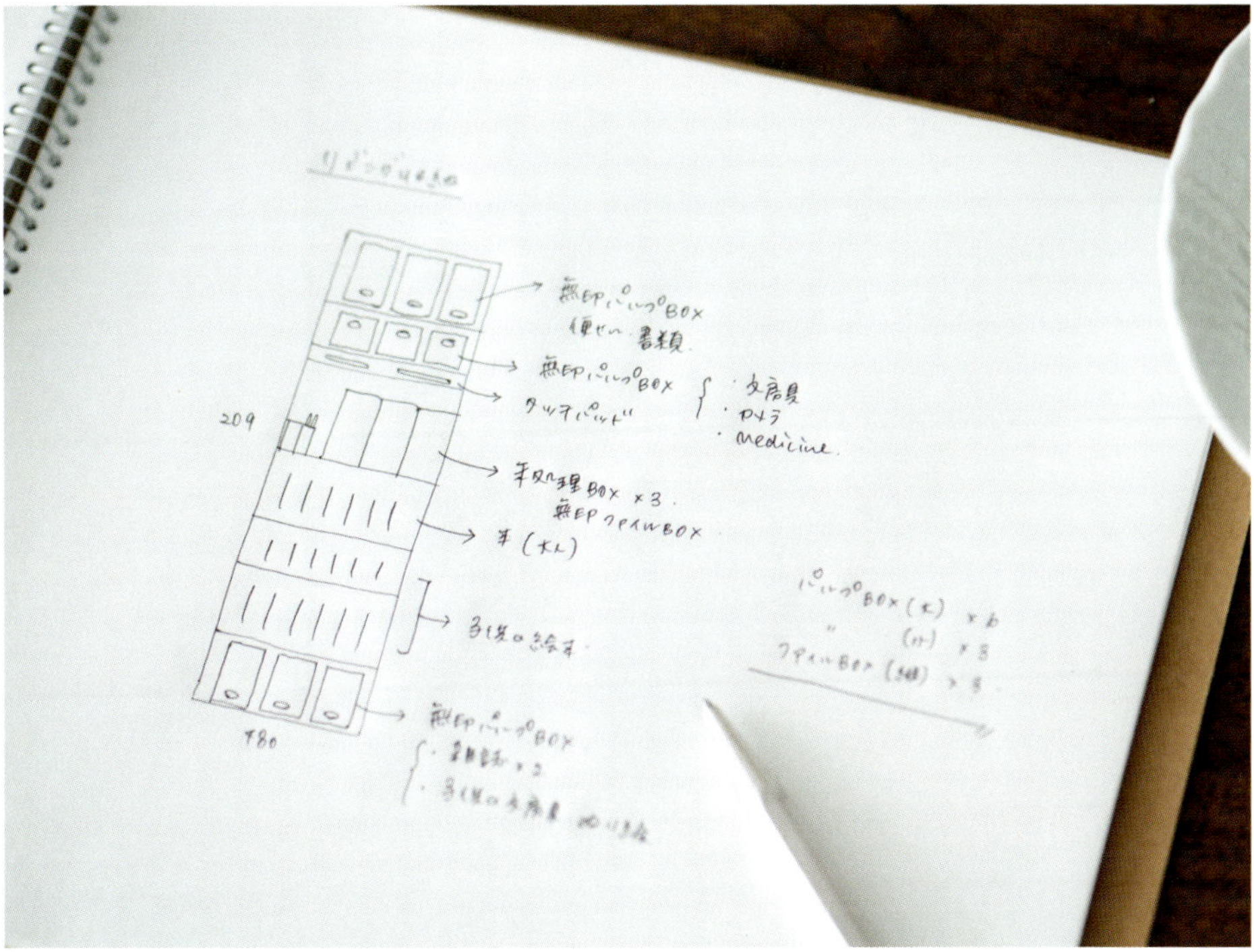

片づけの「計画」と「実行」は分ける

あるとき「片づけが苦手」と悩む友人から相談を受けました。あれこれと悩むうちに作業の手が止まってしまうと言うのです。「いる？　いらない？」、「どこにしまう？」など、考えながら片づけると、時間がいくらあっても足りません。「考える（計画）」と「作業する（実行）」は分けることで、片づけはより効率的に進められます。

私の場合、まず片づけの前に、収納のプランを考えます。写真はダイニングの収納棚で、使い方をシミュレーションしながら配置図を起こします。これが計画。次に、家族の合意を得ます。会社では上司とレビューミーティング（検討会）を行うことがあると思いますが、それと同じ。中身を擦り合わせておけばやり直しを減らせます。

そのあとは、計画に則って一気に体を動かすだけ（＝実行）。頭を悩ませることなく、サクサク片づけられます。

「小さな見直しの繰り返し」で正解に近づく

我が家の収納には、ラベリングがほとんどありません。使いづらさを感じたら、すぐ中身を変えられるようにしたいからです。

ソフトウェアの開発で、「アジャイル開発」という手法があります。最初から全体を設計せず、小さな要素を作って試し、修正を繰り返すことで、最終的に全体を完成させます。途中で軌道修正できるため、よりニーズに合ったものが実現。収納も同じで、気になるところをちょこちょこ変えていけば、家全体が整います。

ものも暮らしも日々変わっていくもの。リバウンドしない収納より、変化に強い収納を目指しています。

「アジャイル開発」がヒント

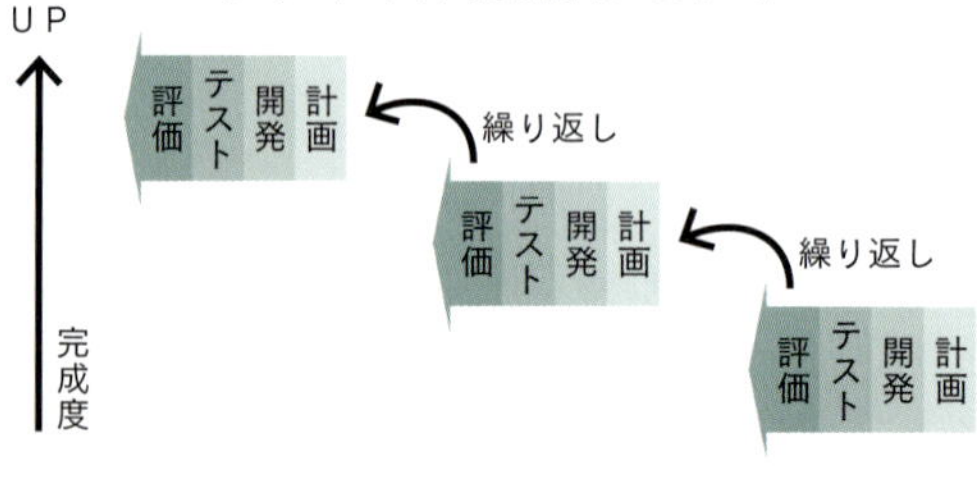

1箇所1アイテム

収納用品もシンプルに

収納用品は場所ごとに揃え、見た目の気持ちよさを大切に。
白、グレー、シルバーなど、すっきり見える色合いでまとめています。

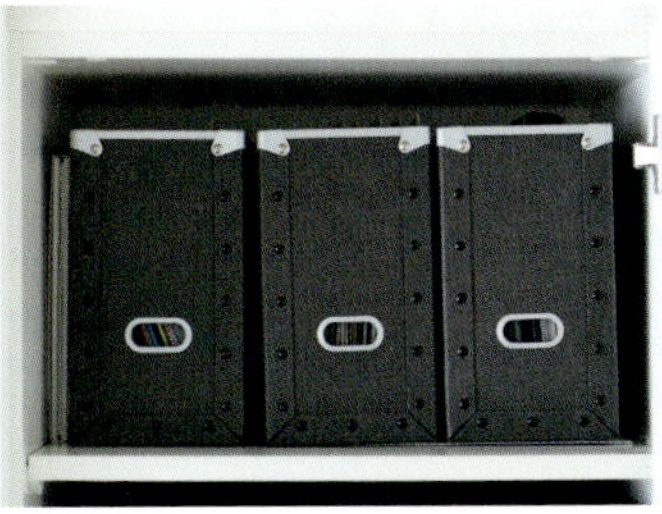

書類棚

夫も使う書類棚は、シルバーの留め具がかっこいいファイルボックスで統一。中が見えないので、書類がごちゃついても気になりません。モダンなデザインはインテリアともマッチ。

軽いのに耐久性があり、書類を入れるのに最適。耐荷重は5kg。硬質パルプ・ファイルボックス／無印良品

おもちゃ棚

リビングボードに白のプラケースを並べ、子どものおもちゃを収納。カラフルなおもちゃもすっきりと収納でき、リビングに持ち出しても目にうるさくありません。

丈夫な素材で、おもちゃを入れてもしならず、子どもでもラクに持ち運べます。VARIERAボックス／イケア

食品ストック

食品や飲料水などの収納には、強度の高いトタンボックスを採用。マットなシルバーはスチールラックとも相性がよく、統一感が出せます。クールな表情は、キッチンに立つ夫にも好評。

持ち手つきで引っ張り出せるので、重いものでもラクに出し入れできます。トタンボックス・フタ式・大／無印良品

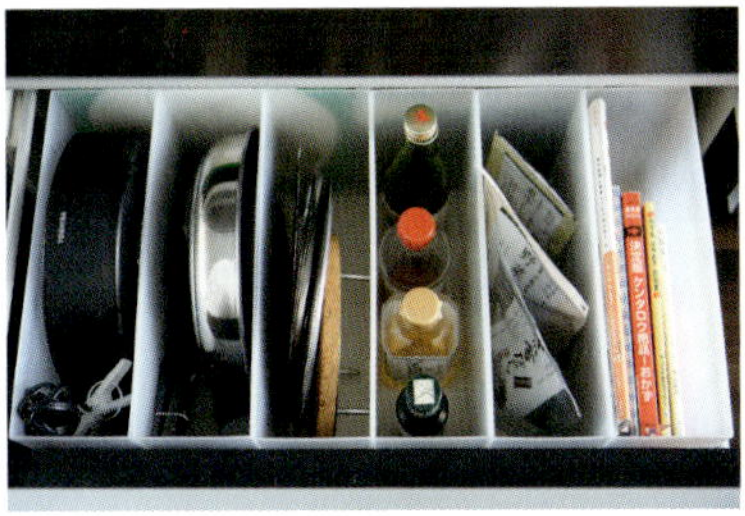

コンロ下収納

コンロ下の深い引き出しに、A4サイズのファイルボックスがぴったり。半透明のケースは清潔感があり、油やレシピ本など、ごちゃつきがちなものもすっきりと見せてくれます。

重いものを立てても、倒れない丈夫な素材。ポリプロピレンファイルボックス・スタンダードタイプ・A4用／無印良品

Living

Dining

リビング収納

おもちゃ収納兼デスクとして
使っているリビングボード。
ＡＶ機器やパソコン用品も収納し、
上をすっきり保つようにしています。
ティッシュの置き場所も確保。

D 夫の仕事用品など

高さのある棚は、ファイルボックスを置いて、中身を立てて収納。仕事で使う書類や趣味のヘッドフォンなどを。

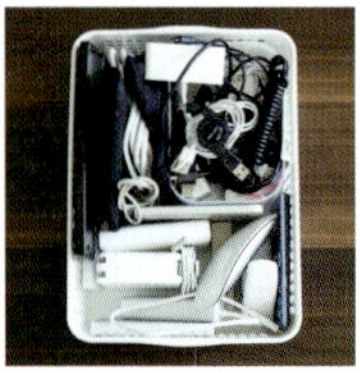

C パソコン用品

リビングボードは夫のデスクも兼用。かごを引き出し代わりにし、マウスやアダプターなどパソコン用品入れに。

A リモコン

右端には、プロジェクターなどのＡＶ機器を集結。棚を１段増やし、リモコン置き場も設けました。指定席に戻せば、あちこち探さずにすみます。

B おもちゃ

キッチンから目が届く位置に、おもちゃ置き場を。子どもが抱えられるサイズのボックスを選び、レゴや積み木、木製レールなど、種類別に収納しています。

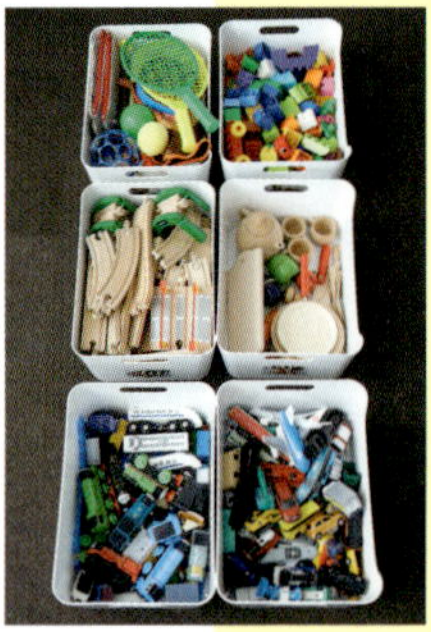

Living

E 子どもの作品

子どもが作った電車の段ボールクラフトにも、置き場所を確保します。扉を閉じればすっきりし、子どもは開けるたびにワクワク。

F パズル

かさばるパズルは箱から出し、ファスナーつきファイルケースに移し替え。ポケットには、箱を切り抜いた完成図も一緒に。

大小の
ファスナーケースで
ピース数に対応

Dining

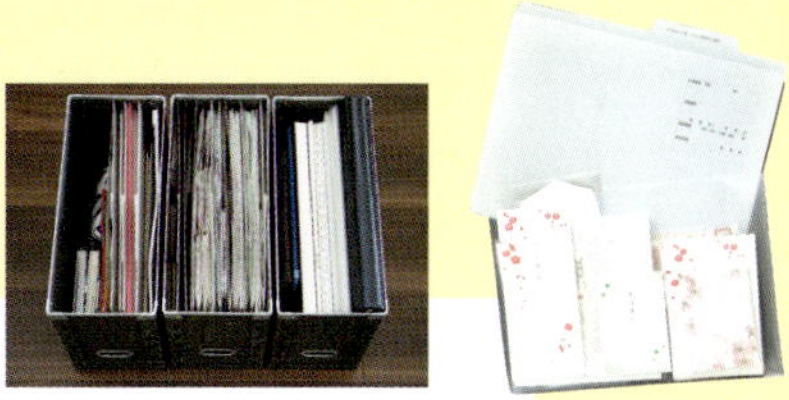

A 書類、レターセット

最上段は、保険証書など普段はあまり見ないものを。種類別にインデックスに挟み、さっと抜き取れるようにしています。封筒や便箋はファイルにまとめて。

B 文房具、衛生用品など

使用頻度の低いカメラ用品や文房具のストックなど。子どもの手が届かないので、衛生用品もこの位置に。浅いケースで、ものの重なりを防いでいます。

C 未整理の書類

保育園のお便り、レシート、宅配便の送り状など、整理待ちの書類を一時保管。ファイルボックスを3つ並べ、人別に分けて収納しています。

D 子どもの本

子どもの手が届く、下から2段目に絵本や図鑑を。押し込みを防ぐため、本の後ろにつっぱり棒を渡しています。

＼つっぱり棒で押し込みSTOP／

E 雑誌

最下段はしゃがんで使いづらいので、ファイルボックスで持ち運べるように。雑誌やカタログなど、取っておきたいものだけをストック。

F 塗り絵、ドリル

おもちゃとは分けておきたい塗り絵やドリルなどを。テーブルに近いので、子どもが自分で出し入れできます。

ダイニング収納

ダイニングテーブルでは
書き物や読書、お絵描きなど、
いろんな作業をこなすので、
すぐ後ろの棚にものを収納し、
出し入れを容易にしています。

散らかるものこそ特等席に

頻繁に届く保育園だよりやカードの明細書などは、あとでじっくり見ようとダイニングテーブルに置きがち。すると、みるみるうちにテーブルが散らかるので、すぐ後ろの棚に収納スペースを設けました。

場所は、棚のゴールデンゾーン。視線の高さに当たる4段目で、扉を開けると目に入るため、こまめにチェックができます。ファイルボックスを3つ並べ、人別に分けて自己管理制にすれば、夫の分の管理を手放せてラク。ボックスの手前の空いているスペースは、来客時にちょっと隠したいものや定位置のないものの一時避難場所に。散らかるものほど、一番使いやすい場所に置くことで、テーブルは片づいていきます。

じつはこのボックス、私の忙しさのバロメーターにも。ギチギチになってきたら、整理が滞っている証拠なので、暮らしを見直す時間を持つようにしています。

30秒で叶う「すっきり」

とっさの来客など、時間がないときは、取りあえずクッションを整えます。クッションがよれっとしていると、いかにも生活感が出てすっきりしません。

クッションは、まず両手ではさむように持って横から2～3回強めに叩き、ふっくらさせたら、端を引っ張って形を整えます。いつもの場所にピシッと並べれば、なんとなく部屋が整った雰囲気に。時間はたったの30秒ですが、すっきり効果は絶大です。

ほかにも、椅子をテーブルにぴったりつけたり、傾いたケースをまっすぐ並べたり、コードをきれいに束ねたり。

一からの掃除はムリでも、乱れたものをきちんと整えるだけで、すっきりとした部屋は手に入るのです。

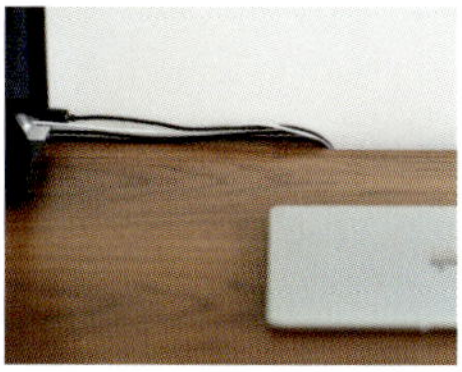

パソコンや充電器のコードは引っ張り出して使うため、ごちゃつきがち。まとめて１本化すると、すっきり。

リビングすっきり！ 帰宅後5分の片づけ動線

帰宅後すぐにリビングに直行すると、持ち帰ったものでごちゃごちゃに。
5分使って荷物や上着を片づければ、すっきりした部屋が保てます。

1 郵便物やDMを紙袋へ

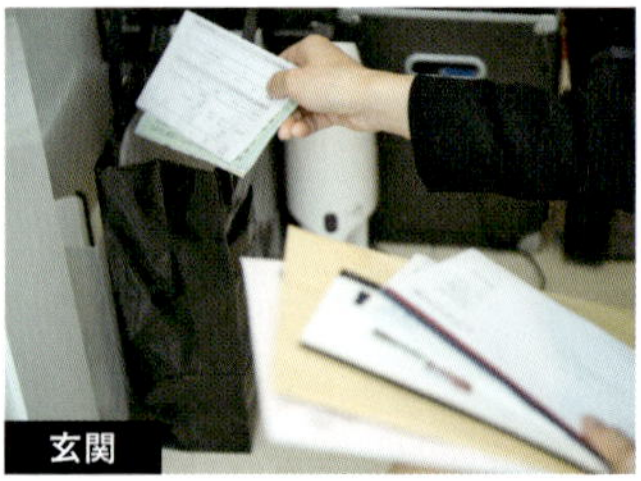

不要な郵便物やＤＭは開封し、中身を紙ゴミ用の紙袋へ。交換用の紙袋もそばに準備しています。

▼

2 宛名をシュレッダーに

シューズクローゼットに用意したシュレッダーで、封筒の宛名や宅配便の送り状を粉砕します。必要なものだけ部屋へ。

▼

3 宅配便を開梱する

宅配便を開梱し、中身を上がりがまちに。段ボールはすぐゴミに出せるよう、たたんで壁に立てかけておきます。

4 保育園の衣類を洗濯機へ

通勤バッグと保育園から持ち帰った衣類を持ち、洗面所へ移動。汚れ物を洗濯機に放り込み、子どもの上着を脱がせます。

▼

5 通勤バッグを定位置に

クローゼットに向かい、通勤バッグを自分の衣装ケースの前に。ハンカチは洗濯機、携帯と化粧ポーチは取り出します。

▼

6 子どもの上着を掛ける

くるりと振り向いて、子どもの上着をハンガーに掛けます。その間、子どもは洗面所で手洗いやうがいを。

7 自分の上着を掛ける

すぐ上の自分のハンガーポールに、脱いだジャケットを掛けます。ボトムスをラクなものにチェンジ。

▼

8 買い物袋と荷物をピックアップ

玄関に戻り、靴を片づけたら、買い物袋や届いたものを持ってキッチンへ。テーブルには置かず、キッチンまで運びます。

▼

9 食品や品物を収納

食品や届いたものを冷蔵庫や収納スペースに収めます。急いでいても、定位置を守り、適当なところに入れないように。

10 レジ袋を収納

レジ袋を折りたたみ、シンク下のファイルボックスへ。ゴミ箱の代わりによく使うので、きちんと指定席に戻します。

▼

11 保育園便りを撮影

食品の収納が終わったら、ダイニングへ。保育園だよりなど必要な情報はどこででも確認できるよう、写真に撮って保存。

＼ すっきりソファで
ティータイム ／

Washroom

Laundry

A 靴洗いセット、洗剤

子どもの靴や汚れ物を洗う、酸素系漂白剤、東邦の「ウタマロ石けん」、靴ブラシをまとめて。つけ置き洗いは、洗面ボウルで手軽に。

B 化粧ポーチなど

化粧ポーチは、帰宅時にバッグから戻し、必要なものを入れて外出。右はバスソルトやアロマオイル。

C メイクグッズ

コンパクトやマニキュアは、アクリルケースに入れて、倒して落とさないように。中身が透けて見えるので、迷わず出し入れできて時短です。

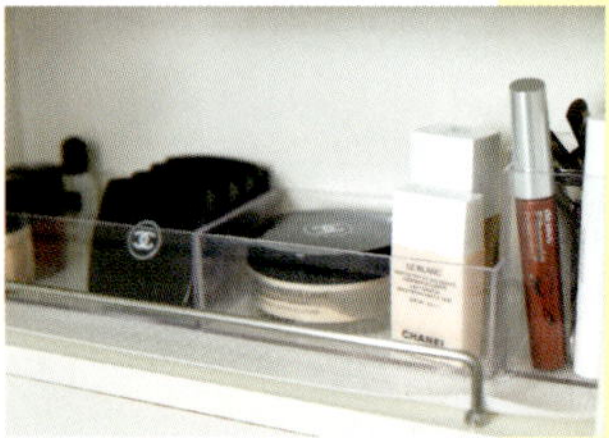

アクリルケースで見た目よく

D 夫のスペース

人別にエリアを分ければ、干渉せずに管理を任せられます。シェーバーやスキンケア用品を。

Washroom

洗面収納

洗面用具やメイクグッズを。
朝家事で、隣の浴室に干した
洗濯物を取り込みながら、
メイクもこなします。
バス用品もここに。

E ゴミ袋など

ゴミ箱を置く代わりに、ポリ袋を常備。ゴミが出たときにティッシュでつまんで袋に取り、キッチンへ。

F シャンプー類

浴室のシャンプー類は、毎日ラックごと持ち出し、乾いたら引き出しへ。ボトルのヌメリを防げます。

G 洗面ボウル、オムツ

洗面台の前に立ったときに使いづらい下の引き出しは、極力収納はなしに。オムツと洗い桶代わりのボウルを入れています。

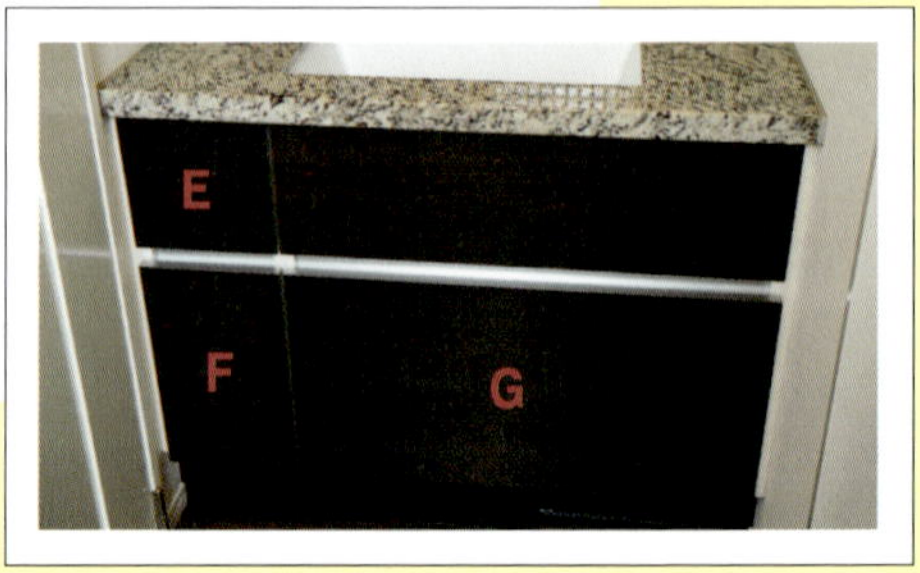

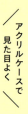

Laundry

ランドリー収納

洗濯機の向かいに、家族の下着を収納。
干すのは隣の浴室なので、
「洗う→干す→しまう」までが
この場で完結します。
部屋に洗濯物が散らかることもなし。

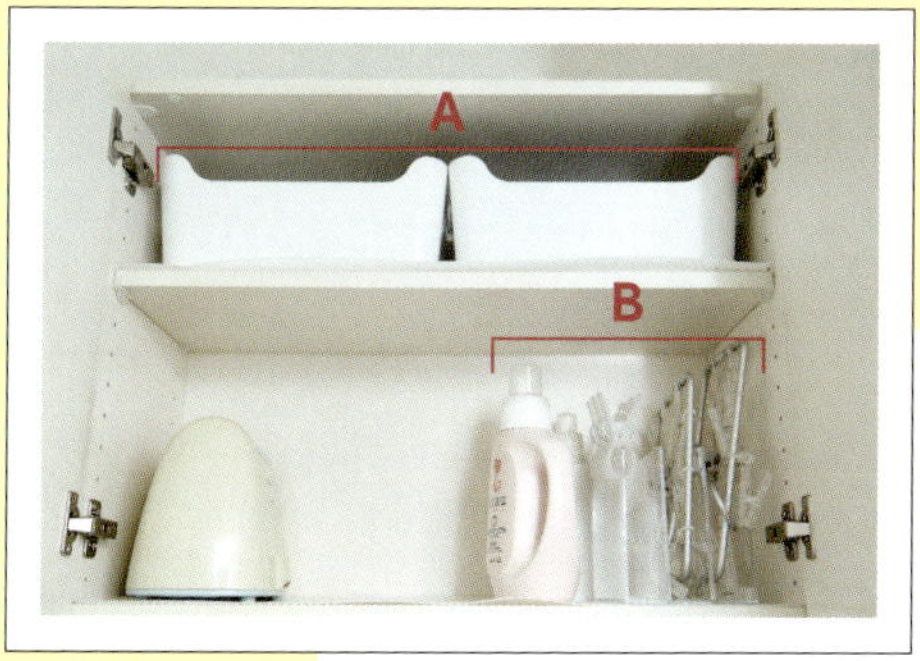

A 洗濯機備品、植木鉢

洗濯機上の棚の上段は使いづらいので、ボックスで引き出せるように。いざというときすぐ見つかるよう、洗濯機の備品などをまとめています。左は植木鉢。

B 洗濯グッズ

仕切りスタンドに、ピンチハンガーをひとつずつ立てて収納。絡まないので、さっと取り出せます。

C 洗剤ストックなど

洗剤やシャンプー、化粧品のストックなどを。高さのあるファイルボックスなら、最上段でも届きます。

ファイルボックスで手に取りやすく

D 古タオル

子どもの食べこぼしやおもらしに使用。こういうものこそ、収納場所がないとごちゃつく原因に。

E 家族の下着

洗面所に家族の下着や肌着をまとめれば、洗濯と収納が一気に片づきます。もちろん、入浴後に身につけるのもラク。上から、私、夫、子どものもの。

F 脱衣かご

右が私と子ども、左が夫用。洗濯はそれぞれで行うので、分けておけば、あとは洗濯機に放り込むだけ。

ランドリーに家族の下着置き場を

我が家は共働きなので、洗濯は自分のものは自分で、息子のものは早く帰ったほうがするというルール。夫ができるだけラクに洗濯できるよう、毎日洗う家族の下着はランドリーに収納しました。

収納棚は洗濯乾燥機の向かいにあるため、洗濯乾燥が終わったら、振り向いてボックスに入れるだけ。クローゼットにしまいに行く面倒がなく、それぞれのチェストに入れて回る手間もいりません。すべてがここで完結するため、1歩も動かずに片づきます。たたまずポイポイ放り込んでも、中身が見えないボックスなら見た目もすっきり。

さらに、入浴前にクローゼットから下着を運ぶ手間もカット。いいことづくめです。

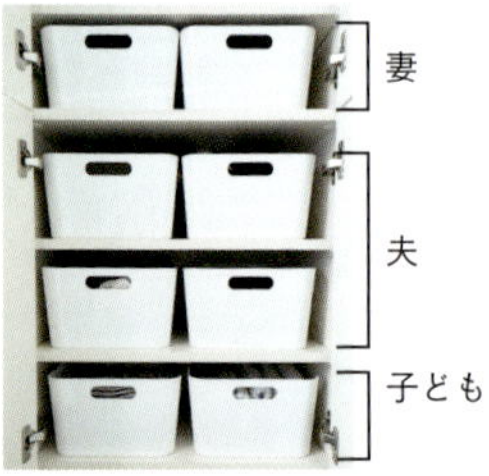

ゴールデンゾーンが夫、中が見えやすい下段が子ども。夫が4つなのは、1ボックス1アイテム制にしているから。

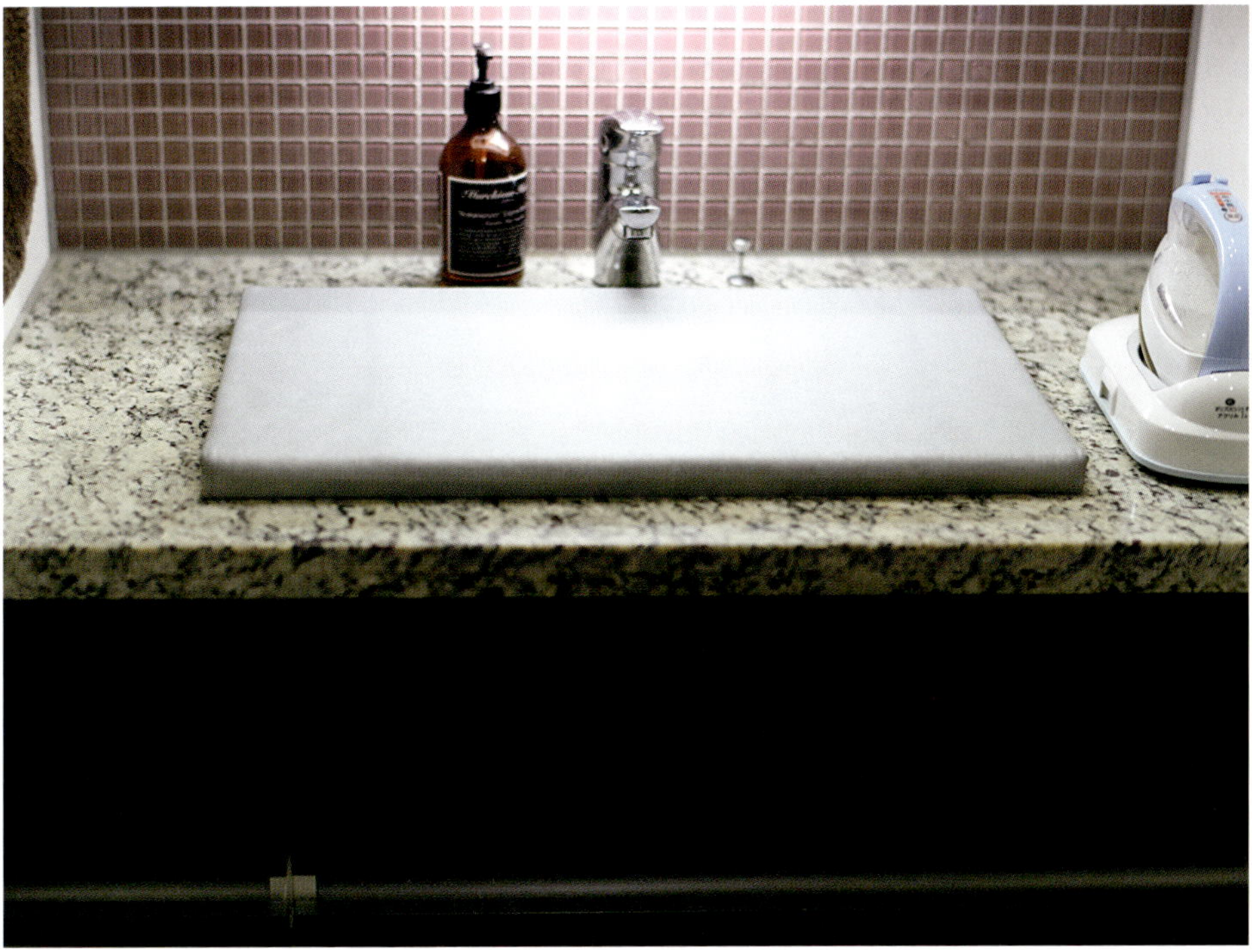

洗面台をアイロンスタンド代わりに

家事で苦手なのがアイロンかけ。私が行うよりクリーニングに出すほうがきれいに仕上がり、低コスト。付加価値が低いので手放し、週に1回しかしません。

クリーニングを積極的に利用し、シャツは形状記憶タイプなど、アイロンかけが不要なものを購入。カットソーはたたんで叩いてから干し、アイロンをかけずにすませます。例外はハンカチで、ピシッとかけるのが気持ちよく、アイロンかけの頻度に合わせて7枚所有。

ハンカチなら広いスペースは必要ないので、アイロン台はスタンド式でなくて十分。コンパクトに収まる平型を持ち、使用時は洗面台の上に。ほどよい高さでラクにかけられます。

洗濯機と壁の隙間に、アイロン台を収納。すぐ上の棚にアイロンを置いているので、準備がさっと整います。

Entrance

Hall

Entrance

玄関収納

広さ半畳ほどの
シューズインクローゼットは、
靴以外にも、傘や掃除道具など
さまざまなものを収納でき、
生活感を抑えるのに大助かり。

A 帽子、傘

外で被る帽子は、クローゼットより玄関が散らかりません。つっぱり棒とS字フックで、帽子や傘の収納場所を。

つっぱり棒＋
フックに引っ掛けて

B コインケースなど

夫がポケットから出した小銭を入れる場所があれば、リビングへのちょい置きが防げます。ちょっとした買い物に持ち出すのも便利。

C 工具、シューケア用品

家や家具のメンテナンスに使う工具やパーツ、家電の備品を収納。利き腕の右手で出し入れしやすい右端に、よく使うシューケア用品を置いています。

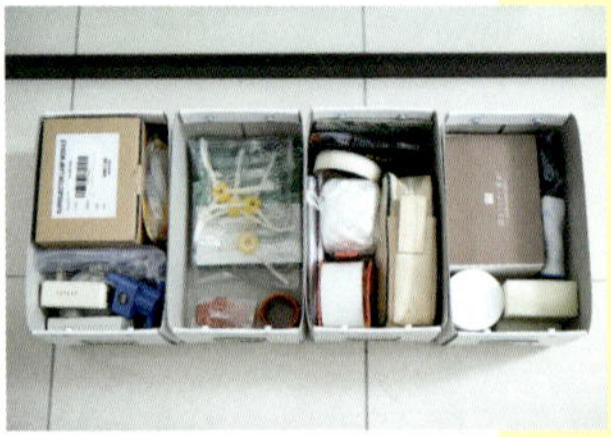

D 家族の靴

下から夫、息子、私の靴。夫が面倒に思わないよう、出し入れしやすい下段に。息子の靴は私が一緒に戻すことが多いので、上下に並べています。靴の高さで棚板の位置を変え、スペースを有効活用。

E 掃除道具

スクイージー、ミニほうきetc. 半透明のファイルボックスに入れて、扉を開けたときのすっきり感を大事に。

F 自転車の充電器

我が家にとって自転車は重要な「足」。充電器は玄関に置いて、こまめに充電しています。コードが引き出せる、持ち手用の穴つきボックスに収納。

G 紙ゴミ処理

紙ゴミを入れる紙袋と宛名を処分するシュレッダー。郵便物などは、帰宅後すぐに整理する習慣に。

廊下収納

玄関そばの廊下収納は、
防災用品やリサイクル品など
外に持ち出すものを。
納戸も兼ねているので、
古い書類や思い出の品もここ。

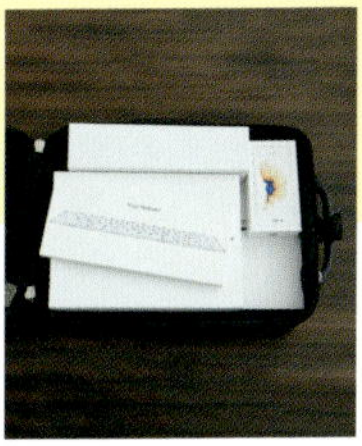

B 夫のスーツケース

パソコンの周辺機器が入っていた空き箱は、人に譲るときに備えて取っています。普段は使わないスーツケースを収納に利用。

A 妻のスーツケース

旅行や出張に持っていく、仕分けケースや衛生用品、スリッパを入れたままに。あとは日数分の衣類を詰めれば、準備がすぐ整います。

C 住宅設備等の取扱説明書

住宅設備の取扱説明書など、取っておきたい書類。製品別にファイルに入れてナンバリングし、手前には一覧表を。不動産会社が作成したものを活用。

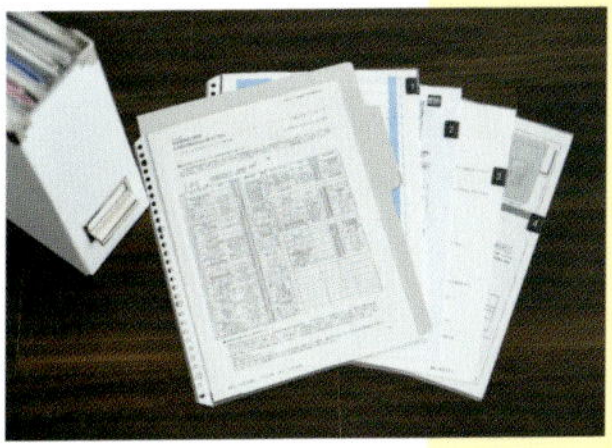

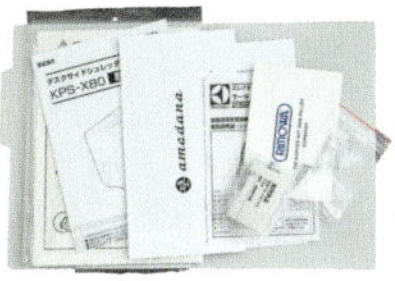

一覧表＋
ナンバリングで
見つけやすく

D 防災グッズ

スーツケースを利用して、防災用品を収納。リュックは1次避難の持ち出し品、イケアのショッピングバッグは2次避難で必要な品を入れるために用意。

E 人に譲るものなど

サイズアウトの靴や読み終えた本など。玄関近くに置いて、外に持ち出すきっかけを逃さないように。

F 思い出の品

子どもの作品や夫婦のアルバムなど、思い出の品。上から子ども、夫、夫婦のもので、取っておくのは3箱まで。

取っておく思い出は小さなもの

写真のエルメスの小さな箱は、大学生の頃、父がくれたベルトが入っていたもの。ブルーの小袋は夫がプレゼントしてくれたネックレスが、赤い靴袋はアメリカに単身赴任したときに自分で買ったパンプスが入っていました。

じつは私は、ものを捨てるのが苦手。とくに思い出の品はなかなか手放せず、廊下収納の一角をそのために充てています。ライフオーガナイズでは、「使う・使わない」という合理性と、「好き・好きではない」という感情面の両方から「必要なもの」を選びますが、私にとって思い出の品は「使わないけれど好き」な大切なもの。心の栄養剤として必要なのです。

袋や箱だけならコンパクトに収まり、いつまでもきれいなまま。手に取って触れると、その頃の思い出が蘇り、心がぽっと温かくなります。

出ていくものは玄関のそば

図書館で借りた本、人に渡すおみやげ、保育園への提出物etc．一時的に家に留め置くものは、収納場所を設けづらく、つい適当な場所に置いて散らかりがちに。

それを防ぐため、玄関とリビングをつなぐ廊下の飾り棚を一時置きスペースにしています。たとえば本は、通る度に目に入るので返却を忘れず、出がけにさっと持ち出せます。返却日がせまっていれば「読もう」という気にも。

普段は飾り棚にものを置かないようにしているため、「ものが置いてある」＝「急ぎの用がある」と脳が反応し、意識が自然と向くように。

外に出すものは、家の奥深くに持ち込まず、玄関のそばに置くことで、部屋も気持ちもさっぱりします。

廊下収納にも、外に持ち出すもののスペースを。子ども靴や服を紙袋にまとめておき、訪ねてきた友人に渡します。

上）ウォールナットのちゃぶ台はsimms。下右）フラスターの「世界地図　Planetary Visions　ポスター」。下中）あさくさ江戸屋で見つけた和紙の鯉のぼりモビール。下左）アイアンのハンギングフレームは近所の花屋で見つけたもの。

子どもがいてもすっきりインテリア

家具は、無垢材のテーブルや本革のソファを選び、長く愛用するのが好み。子どもが汚しても修復できる点もよく、カバーはかけず質感を存分に味わいます。

よく子どもがいるとカラフルなものが増え、大人のインテリアを楽しめないといいますが、私の場合は雰囲気に合うものを探すのも楽しみ。たとえば、子どものお絵描き用テーブルは落ち着いたウォールナット、シンプルな白い椅子はイームズのレプリカ、壁の世界地図はインテリアとしても素敵で、部屋にしっくりなじみます。

また、子どもの年齢によっては、部屋にものを置けず、殺風景になりがちに。そんなときは、子どもの手が届かない壁や天井に注目。色のきれいなモビールやグリーンをハンギングフレームに飾って楽しみます。

「子どもがいるからインテリアどころじゃない……」と諦めるのではなく、子どもが幼い今だからこそ楽しめるインテリアを。大人も満足のいくものは、探せば案外あるものです。

chapter 4

服の
シンプル化

「毎日違う」を手放す

昔、真っ赤なコートが欲しくて母に相談したことがありました。すると母が、「派手な色は目立つから、週に何度も着られないよ」と言ったのを今でも覚えています。

今、私のクローゼットの服は、黒、紺、ベージュ、白と地味な色ばかり。だからこそ着回しが利いて、少ない枚数でもなんとかやりくりできています。とはいえ、1週間もすればバリエーションが尽きて、毎日似たような格好に。でも、私らしいスタイルだから、それでよしと思っています。

20代はたくさんの服を買い込んでいましたが、結局着るのは一部。38歳の今は、ベーシックなアイテムを中心に、2割程度の遊びを取り入れて、私なりのおしゃれを楽しんでいます。

胸元のフリル、たっぷりのプリーツ、アニマルプリント。遊びの要素を足して、ベーシックアイテムに華やかさを。

服選びで大事にしているのが
清潔感と信頼性。かっちりし
たジャケットに、甘さのある
ツイードスカートを合わせて、
私らしく。バッグと靴は未来
への投資と思っていいものを。

シンプルアイテムで ON・OFFを兼用

服は、フォーマルにもカジュアルにも使えるシンプルなデザインを。
同じアイテムでも変化がつけられて、数を持つ必要がありません。

ON）黒のタイトスカートとの組み合わせは、ブラウスで甘さをプラス。OFF）シンプルな紺のカットソーでカジュアルダウン。靴も紺を選び、縦ラインを強調。

ツイードジャケット

カジュアルにも使えるユナイテッドアローズのノーカラージャケット。前立てのフリンジがやさしい印象。

レーススカート

ユナイテッドアローズの単色のレーススカートは派手すぎず、適度に女性らしさが出せるアイテム。

ON）ジャケットとクラッチバッグで堅い印象に。そのぶん、Vネックとオープントゥで抜け感を。OFF）ゆったりとしたドルマンスリーブで、リラックス感を演出。

ツインニット

重ねる、羽織る、1枚で着るなど、バリエーションが豊富。P106で紹介したジョンスメドレーの色違い。

ON）前のボタンを全部閉じ、オフィスに必要なきちんと感を。顔回りにパールで華やかさも。OFF）ボーダーカットソーをのぞかせて、カジュアルな雰囲気に。

「コートは3着」の理由

黒のコートは、新婚旅行先のイタリアで買ったもの。当時は29歳でしたが、40歳を過ぎても着られるものをとカシミアを選択。黒なら冠婚葬祭にも使えます。

日本は寒暖差があり、1着のコートで過ごすのは難しいと感じています。真冬でも子どもと外で遊ぶため、1着は足さばきのよいダウンジャケット。カシミアのコートは、寒い時期のフォーマル用。あとは、秋や春先に着られ、フォーマル、カジュアルの両方に使えるトレンチ。この3着があれば、あらゆるオケージョンに対応できます。

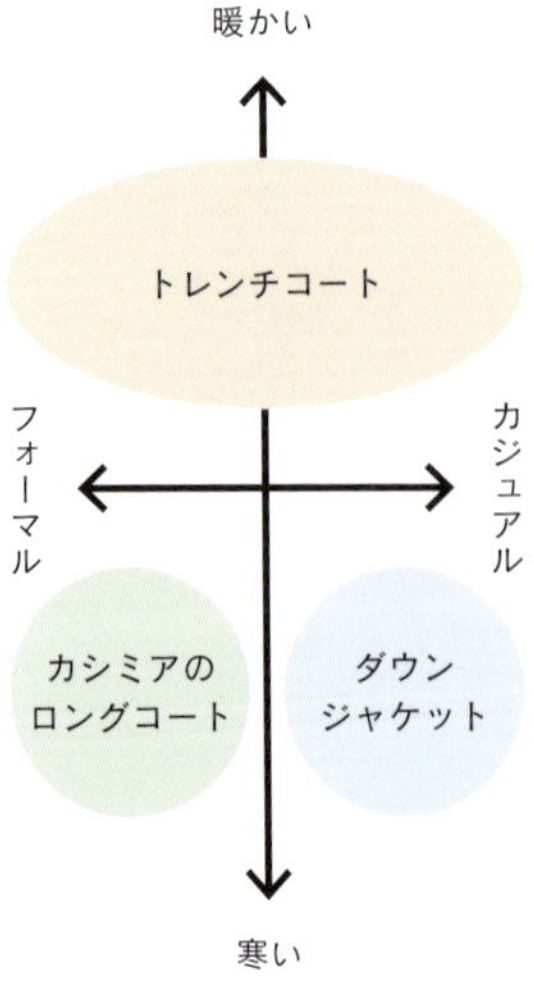

インナーは来季に持ち越さない

タンクトップなどのインナーは、1シーズン3着。季節の初めにお店を回り、色違いで一気に買い揃えます。探すのは無印良品、ユニクロ、バナナリパブリックなどで、今年は無印良品の綿100%を選びました。

1シーズンを3着で着回すと、首元がよれたり、毛玉ができたり、かなりのダメージ。翌年引き出しを開けたとき、「くたびれているから、新しいものを買おう」と結局買い換えることが多いので、来季に持ち越すのをやめました。着ないものを取っておくのは、スペースのムダにもなります。

同時期に購入したインナーは、ダメージもほぼ同じ。1枚ずつ仕分ける必要がなく、一気に買い替えられるのもラクチンです。

季節の終わりには、身頃を使いやすいサイズにカットしてウエスに。週末に行う拭き掃除に使います。

ハイゲージニットは収納にもやさしい

ニットは、編み目の詰まったハイゲージニットばかり。ざっくりとした編み目のローゲージニットは、かわいいなと思っても「買わない」という選択をしています。

ナチュラルでかわいらしい印象のローゲージニットは休日しか着る機会がなく、通勤着を別に持つ必要があるため、服の枚数が増えてしまいます。しかも、収納場所を取るため、狭い我が家には不向き。

その点、ハイゲージニットは、通勤着としてはもちろん、アレンジ次第で休日も兼用できるので、少ない枚数ですませられます。

収納スペースもローゲージニットの半分以下。着回しと収納の点から、ハイゲージニットに軍配が上がります。

カーディガンはさっと着られるよう、ボタンは留めず身幅を2つ折りに。たたむのもラク。

靴にはお金をかける

ホテルマンは靴を見て客質を判断するという話は有名ですが、ビジネスシーンでも靴は重要なキーアイテムだと思います。

私の職場はカジュアルな靴はNGなので、通勤用はすべて飾りのないプレーンなパンプス。シンプルなデザインほど、値段でよしあしに差が出るので、靴は思い切っていいものを買うようにしています。

写真のセルジオ・ロッシは私には高価な買い物でしたが、ぴったりと足に合った上質な靴は、人からの信頼が得られ、履いている自分も気持ちがいいもの。つくりが丈夫で、高いヒールなのに1日歩き回っても不思議と足が疲れず、週に3回、1年履いても型崩れしません。また、服を格上げしてくれる効果も。

ちなみに、パンプスは全部で3足。ベージュ、黒、紺の基本の3色があれば、どんな服にも合い、選ぶのに迷いません。

アクセサリーは身につけられるだけ

写真のネックレスは夫からのプレゼント。ほかのものが欲しいと思ったこともありますが、夫の「え、なぜ2本いるの？　首はひとつでしょ」との素朴な疑問に納得して以来、ネックレスを買うのをやめました。

アクセサリーでもなんでも、思い入れの詰まったものが、ひとつあれば十分。心が満たされ、それ以上は欲しくなくなります。私にとって数は問題ではないのです。

それに、バリエーションを持つと、暮らしはどんどん複雑化します。ものが増え、選ぶのに頭を使い、管理する手間もしまうスペースも必要になってくる。ひとつだけなら、それらのすべてがひとつ分でＯＫ。とってもシンプルです。

アクセサリーも、身につけられるだけ。シンプルなデザインはなんにでも合い、服に合わせてあれこれつけ替えなくてもすむので、本当にラクです。

東京島しょ農業協同組合の「純粋椿油　島椿」やつげ櫛は、ネットで見つけたもの。奥は、松山油脂の「LEAF＆BOTANICS」のシャンプーとコンディショナー。

髪もシンプルケア

美容液、ミスト、ワックスetc．私の髪は癖があり、太くて量も多いため、長年たくさんのヘアケア用品に頼っていました。

それでも髪の状態は改善せず、ものを管理するのも面倒になったことから、少しずつ減らしてみることに。ちょうどその頃、椿油の存在を知り、使ってみたところ、以前より髪が軽くなったのです。洗髪後に椿油をなじませ、ドライヤーで乾かすだけでツヤが出てしっとり。同時に、シャンプーやコンディショナーも、刺激の少ない石けん成分のものに替えました。さらに、ヘアブラシも静電気が起きないつげの櫛に替えたことで、枝毛が減って、しっくりまとまるように。

髪に手をかける時間はもちろん、たくさんの買い物も収納スペースも不要。シンプルケアは、髪だけでなく、暮らしの負担も軽くしてくれます。

買い物フローチャート

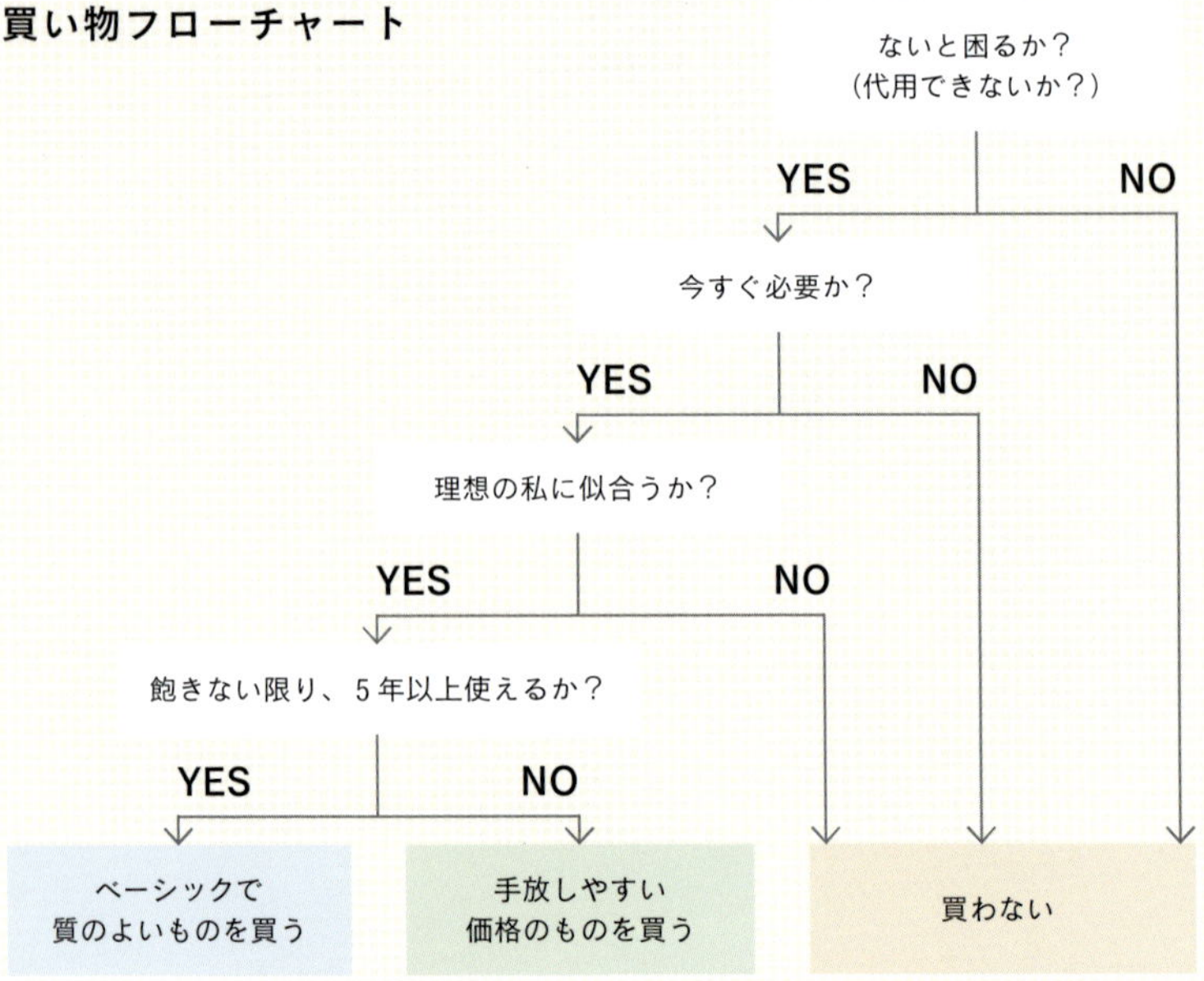

その服「理想の私」は買いますか？

私は、捨てることは得意ではありません。そのため買ってから捨てられないと悩むより、買う前によく考えるようにしています。

洋服を買うとき、まず「絶対にそれがないと困るか?」と考えます。何かで代用できたり、なくても大丈夫なら、買いません。次に「今すぐ必要か?」と自問し、「また今度でも」と思えるものは、やはり買いません。それから、買い物だけでなく、人生の岐路に立つような選択にせまられたとき、「理想の私」はどんなものに囲まれて生きているだろう? とイメージします。すると、本当に欲しいものが明確になってきます。最後に、耐久性を確認し、使用期間に応じた価格帯のものを選びます。

「理想の私」が選ぶであろう洋服を着ると、最初は背伸びしながらでも、それに似合うようふるまったり、努力をしたり。背筋がしゃんと伸びるような気がするのです。

上）30代を目前にし、服選びに悩んでいたときに出会ったドレス。
下）靴やストールは、５年後に身につけている姿が想像できるもの。

AGのデニム

体の厚みがなくても、ヒップラインが決まります。体になじむ生地で、女らしくはけるところも◎。

Mプルミエのスーツ

ウエストを絞ったタイトなデザインが、体型にぴったり。パンツが5号からとサイズ展開も豊富。

SABRINAのストッキング

種類が多く、選ぶのに悩むストッキングは、ブランドを決めてリピート買い。適度なフィット感が好み。

ジョンスメドレーのニット

着丈や袖丈が長く、身幅が狭いデザインは、長身で痩せ型の私に最適。コットンとウールの3着を所有。

定番化で買い物に時間をかけない

毎日の家事や直近の用事など、やるべきことはサクッとすませ、目の前の出来事に向き合う余力を残したいと考えています。

買い物もそのひとつで、ショップやブランド、デザイン、サイズを決めて、リピート買い。ネットのサイトをあちこち飛んで、探す手間や時間を手放します。とくに洋服は、たくさんの種類から、自分の体形や好みに合うものを見つけるのは至難の業。

たとえばデニムは、アメリカ単身赴任時代に見つけたもので、以来私の定番に。私は骨格が平たく肉づきも薄いため、ヒップに合わせるとウエストが浮いてしまうのですが、AGのものはぴったり。ジョンスメドレーのニットも一度着てみたら、着丈や身幅があまりにもしっくりくるので、素材違いで揃えています。

定番品を持つことで、満足度の高い買い物をしながら、時間の節約もできます。

買い物は、未来の可能性と引き換え

買い物に関しては、かなりの慎重派だと思います。お店で気に入ったものを見つけても、家に帰ってよく考えてから、後日オンラインショップで買うことも少なくありません。

洋服を1枚買うことは、未来の可能性をひとつ失うこと――。たとえば1万円の洋服を買ったら、その1万円で家族と食事に出かけたり、スキルアップのための参考書を買うなど、ほかにできたかもしれない可能性を手放すことになります。たとえ400円のストッキングでも、代わりに息子の好きなミニカーが1台買えます。

買い物で悩んだら、「同じ金額でできる、ほかのことより価値がある？」と考えてみると冷静になれ、財布の紐が固くなります。

ショップのポイントカードは持ち歩かず、家で保管。出かける前にその日行く店のものを財布に入れます。

クローゼット収納

1.5畳のウォークインクローゼットに、家族3人分の衣類を収納。オフシーズンの衣類は、宅配クリーニングを利用し(P112)、7割収納を実現しています。

夫・妻ゾーン

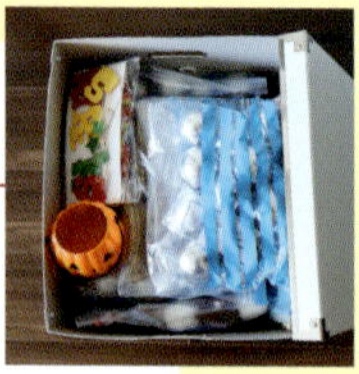

季節・行事用品

クリスマスやハロウィンの飾りなど、軽くてかさばるものを。小ぶりなものを選んでいるので、ボックス1個分。

夫 ジャケット・シャツ

洗面所に近い右端にシャツを。インナーを身につけたあと、すぐ手に取れます。スラックスはジャケットの中に。

夫 なんでもボックス

消臭剤、ヘッドフォンetc. 収納場所のないものを入れる「なんでも入れ」を用意して、ラクに片づくしくみに。

＼S字フックに吊るして／

夫 バッグ

引き出しの側面をバッグ収納に活用。S字フックを引っ掛けてバックを吊るせば、床掃除の際によけなくてOK。

夫 ニット・ボトムスなど

3段の引き出しは、上からボトムス、ニット、スポーツウェア。ニットはざっくりたたみ(上)、種類の多いスポーツウェアは上から見てわかりやすいよう、立てて収納(下)。

妻・子どもゾーン

妻 ジャケット

子ども服の上なら、子どものものを掛けるついでに、さっと掛けられて便利。選びやすいよう、色味で分けて。

子 トップス

下段は子どもゾーン。カットソーやシャツ、上着をハンガー収納にしています。フックには保育園バッグも。

＼ 不織布ケースで仕切って ／

子 ボトムス・保育園グッズ

手前がボトムスで、奥が保育園に持っていく下着やタオル。奥の空いたスペースには、オフシーズンの服をまとめています。

子 靴下など

靴下は小さくたたまず、そのまま放り込むだけに。柄がわかりやすく、選ぶのが簡単です。奥は水着や帽子など、季節の衣類。

妻 バッグ

バッグは購入時の箱を取っておき、収納ケースとして利用。2つに分けて入れ、重さを分散すれば、出し入れがラク。

妻 スカート・コートなど

2つの引き出しの間に、丈の長いコートなどを。スカートは、着替えをする引き出し前から手に取りやすい右側に。

妻 パジャマ

引き出しの上にかごを置いて、脱いだパジャマ入れに。小さなかごの中身は、ポケットティッシュ。

妻 ニット・ボトムスなど

不織布ケースにニットとカットソーを入れ、季節で前後を入れ替え制に。すべりづらく、開閉でごちゃつきません。

妻 通勤バッグ

着替えをする場所に、通勤バッグの定位置を。ハンカチはすぐ上の引き出しに収納しているので、補充もラクチン。

人別収納で管理を手放す

クローゼットは左右で分け、右が夫、左が私のスペース。ハンガーポールの下にそれぞれの引き出しを置き、見た目にわかりやすい配置にしています。中央のポールはいわば境界線で、エリアをはっきりと分けることで、責任の所在を明確化。夫の服の管理は夫に任せています。

クローゼットに限らず、ボックスやかごなどの収納用品も人別に用意し、自己責任制に。そうしておけば、夫のボックスがごちゃごちゃでも、私の心の平穏が保たれるという思惑も、じつはちょっとあります。

＼ 夫がしまいやすく ／

Before

▼

After

ボトムス収納の引き出しは、深さ18cmでは夫がしまうのに窮屈そうだったので、23cmに変えてすっと収めやすく。

服は身につける順に収める

写真は私のクローゼットの引き出しで、中身は下から、ボトムス、トップス、スカーフやベルトなどの小物類。「下から」といったのには理由があり、じつは身につける順に服を収納しているのです。

一般的に引き出し収納は、使用頻度や出し入れのしやすさを基準に考えますが、私がこだわるのは「身につける順」。動作の順序に合わせて収納することで、ラベリングをしたり、頭で考えなくても、体が自然に動いてスムーズに取り出せます。

最初にはくボトムスは、かがんで足を通せるよう下段に収納。あとは、トップス、スカーフと、体を起こすに従って引き出しの位置を上げていけば、ロスなく動けて、朝の身支度があっという間です。

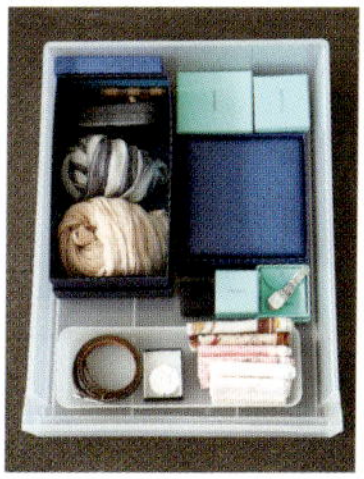

最上段には、最後に身につけるスカーフやベルト、時計を収納。空き箱などで仕切り、開閉で動かないようひと工夫。

右）スーツやジャケットのクリーニングには「e-closet」（喜久屋）を利用。左）戻ってきた衣類。緩衝材入りでふんわりたたまれているので、シワも気になりません。

宅配クリーニングで衣替えをラクに

我が家のクローゼットの広さは1.5畳。夫も私も衣装持ちではありませんが、さすがに家族3人1年分の服を収めるとぎゅうぎゅうになり、使い勝手が悪くなります。

そこで、クリーニングに出せば、次のシーズンまで預かってくれる宅配クリーニングを利用。これなら、収納する衣類の量が減らせるので、7割収納が叶います。衣替えも簡単で、クリーニング業者から届く発送用バッグにオフシーズンの衣類を詰めて送り、空いたスペースに届いたオンシーズンの服を掛けるだけ。大量の衣類をお店に持ち込んで、取りに行く手間が省けます。

7割収納で着替えがラクになり、見た目もすっきり。狭い家には便利なシステムです。

＼ 服の見直しにも ／

年2回入れ替える際に、「クリーニング代を出しても取っておきたい服か？」という目で厳しくチェック。

上）シーツ類は浴室乾燥機でその日に乾くので、1組のみ。右下）布団の宅配クリーニング「きららウォッシュ」（きらら）は専用の袋に入れて送るだけ。別途保管料プラスで最長6ヶ月保管可能。左下）ランドリーの棚にタオルケットを収納。

かさばる寝具はあの手この手で

家の大きさに等しく、収納スペースも決して多くはないため、場所を取る寝具は困りもの。クローゼットは家族の衣類でいっぱいなので、寝具はあの手この手でコンパクトに収納しています。

まず、秋～春に使う羽毛布団は、布団専門の宅配クリーニング店に。数年前から利用している「きららウォッシュ」は、素材やサイズによらず同一料金のためお得で、翌秋まで預かってくれます。毛布は持たず、必要な場合は空調で調整。

夏用のタオルケットは、ランドリーの収納棚に。夫婦それぞれ1枚ずつなので、高さ15㎝もあれば収まります。

また、洗い替えを持たない、という選択も。シーツや枕カバーは、朝洗濯して浴室乾燥機にかけておけば、夜には洗い立てをセットできるので、1組のみ。収納スペースが必要ありません。

スーツケースのシンプル化

― 家族３人２泊３日のパッキング ―

旅の荷物は極力身軽に、不足分を現地で調達するのも旅の醍醐味です。家族3人2泊3日なら、スーツケースは機内持ち込みサイズひとつ。これに、夫は通勤用のリュックサック、私はトートバッグを持っていきます。

かさばる服は、子どもの着替えを優先し、日数分を揃えます。そのぶん、大人の服は洗濯することを前提に最小限に。洗えるカットソーは1枚しか持ちませんが、カーディガンは2枚、ストールも1枚入れて、着回しの幅を持たせます。洗濯用のピンチハンガーだけ持参し、洗剤はホテルの石けんで代用。

ほかは、エコバッグ、コンタクト・スキンケア用品、メイクグッズ、薬・衛生用品など。案外重いメイクグッズは、アイシャドウや口紅がひとつになったトラベル用パレットで軽量化。空港の免税店などで手に入ります。

ちなみに、パッキングは旅行の前夜に。スマホのメモに、いつも持っていくアイテムをリスト化しておけば、15分で準備が整います。

chapter 5
子育てのシンプル化

おもちゃを持つ基準

ジャングルジムのような大きなおもちゃやキャラクターものは、子どももすぐ飽きてしまうもの。これらは保育園や児童館で楽しめると割り切り、家ではレゴや積木など、素朴なおもちゃを揃えています。写真のカードも夫が紙に平仮名を書いただけ。

たとえばレゴは、家にも飛行機にも動物にも姿を変え、創造力を高めてくれます。レールやパーツの組み合わせで、考える力がつくのが木製レール。パズルは手と頭を同時に使うことで、集中力が身につくように思います。

ご飯のように噛めば噛むほど味が出て、子どもの幅広い遊びを受け止めてくれるおもちゃが、ほんの少しあればいい。そう考えています。

私が子どもの頃、一番よく遊んだのはやはり定番のレゴでした。今は、妹の子どもたちが使用。

パズル

ままごと

木製レール

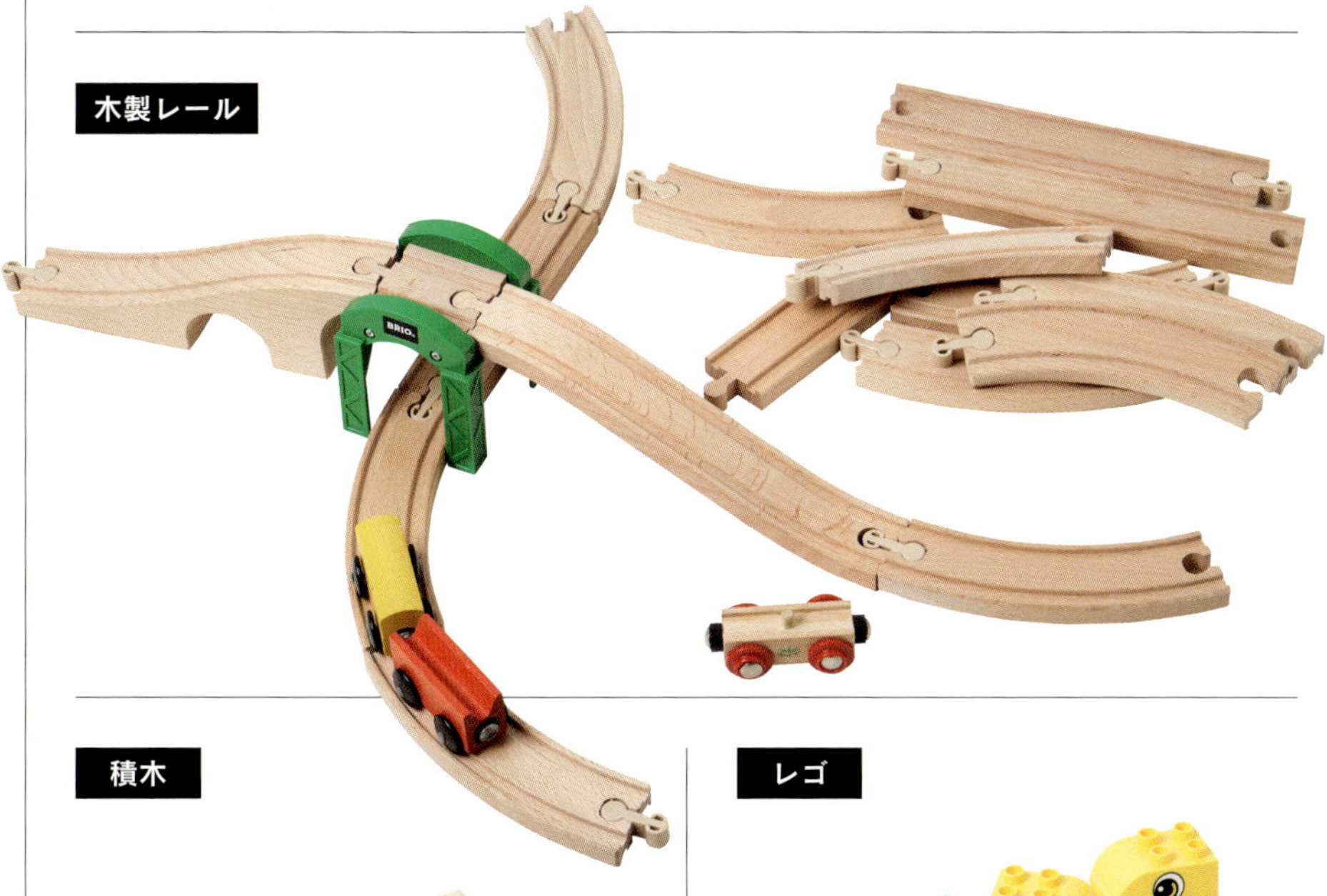

積木

レゴ

子どもが片づけやすいおもちゃ収納

子どもが0歳の頃は、ぬいぐるみなどを大きなバケツに収納していました。広口で見つけやすく、ポイポイ放り込むだけでOK。でも1歳を過ぎると小さなおもちゃが増え、バケツの底に沈んでしまって、上手に見つけることができません。

そこで、おもちゃをボックスに入れ、棚に置いて引き出して使えるように。棚は、子どもが出し入れしやすいよう、遊ぶ場所の近くにあるリビングボードを選びました。ここなら、キッチンで調理をしているときも目が届きます。

ボックスは6つ。それでも、毎日遊んでいるのは3分の1程度なので、飽きずに遊べ、自分で管理できる適正量だと思います。

ラベルは「フジカラーシールプリント」が便利。おもちゃを写真に撮って店舗でシール化。

絵本は大人の本の下

小学生の頃、週末の楽しみは、母と一緒に行く図書館でした。最初は児童書を借りていたのですが、次第に母が読んでいる本に興味を抱き、読めない漢字を調べながら読むように。そのおかげで、早くから読解力が身についたような気がします。

そんな経験から、ダイニングの収納棚に、ファミリーライブラリーを設けました。大人の本の下に、子どもの絵本や図鑑を配置。出し入れの際、自然と視界に入って、親が読む本に興味を持ってくれるといいな、というのが狙いです。

子育てで大切にしているのがインタラクティブ（双方向）性。散歩で見た花の名前を帰宅後に図鑑で調べるなど、親子のコミュニケーションの中で学べるようにしています。

少しでもごちゃつきを抑えたくて、子ども図鑑は背表紙がすっきりした小学館のものを選びました。内容も充実。

子どもを怒らなくてもいい部屋づくり

大人も子どももストレスフリーで暮らすために、子どもがいたずらやそそうをしても気にならない部屋にしています。「時間管理のマトリクス」（P66）でいう第Ⅱ領域の「予防行為」をすることで、第Ⅰ領域の「危機や事故」を未然に防ぐのです。

まず、床にはタイルカーペットを敷きました。食べこぼしても、1枚ずつ外して洗えば元通りに。うっかりおもちゃを落としても傷つきません。壁の落書き対策には、ホワイトボードを設置。畳1枚分の大きさは書きごたえたっぷりで子どもは大満足。

テーブルは無垢材、ソファは革で、汚れや傷がついても修復が可能。子どもがのびのびと暮らせ、私も笑顔でいられます。

裏面の吸着加工で、駆け回ってもズレません。スマイルフィール　アタック350／東リ

3

1

2

1 壁に貼るホワイトボード

貼ってはがせるシートタイプ。クレヨンは水拭きで消せる「キットパス」。吸着ホワイトボードシート／マグエックス

2 お手入れはクリームでひと拭き

スポンジにクリームを取り、全体に擦り込むように薄くのばせばＯＫ。無色透明。ラナパー　レザー　トリートメント／花田

3 オイルを塗ってシミも味わいに

当て木とサンドペーパーで傷やシミを削り、オイルを塗り込みます。マスターウォール　メンテナンスオイル／アカセ木工

引き出しの中は余裕をもたせ、たたみ方が雑でも収まるように。ハンガーポールに吊るしたトップスにもラクに手が届き、自分で着替えられます。

家事の自立を促すしくみ

私の夫は、家事の「心持ち」がよい人。家族という共同体を支えるのを当たり前のこととして捉え、「大変だったら、僕もやるよ」と自然に参加してくれます。息子も夫のように育って欲しいと思い、2歳になった頃から、自分のことは自分でできるしくみを作ってきました。

たとえば、服や食器、おやつは、息子の手が届く高さに配置し、自分で取り出せるようにしています。収納ケースも子どもの力で引き出せる、軽いタッチのものを選びました。また、中は仕切りすぎず、子どもでも戻しやすいように。さらに、全種類を一目瞭然に並べて、選ぶ楽しさもプラス。着替えを嫌がる朝も、自分でお気に入りを選ばせると機嫌よく準備しています。

子どもの行動をよく観察し、それに合った方法を提案すること。それが、「できる！」という自信と家事の自立につながります。

配膳

子どもの食器は大人用と分け、背面カウンターの低い位置に。軽くて割れづらいイケアのプラ食器なら、万が一落としても安心。

おやつの用意

冷蔵庫のおやつボックス。ヨーグルトやゼリーなど、息子が自由に食べていいものをまとめて。ボックスは、上から中身がのぞける野菜室に。

麦茶と牛乳があれば

我が家の定番の飲み物は、麦茶と牛乳。ジュースはまったく飲まないわけではありませんが、自然の甘味に親しんで欲しいので、バナナやりんごなどのフルーツを食べるようにしています。

私が子どもの頃も、家の冷蔵庫には麦茶が用意してありました。母はマメな人だったので、おやつもレーズンの入ったロールパンやプリンなど、ほとんどが手作り。そんな母の影響もあって、子どもが生まれてからは私もお菓子を作るように。マフィンやブラウニー、アイスボックスクッキーなら、特別な道具がなくても気軽に作れます。とはいえ毎日はムリなので、日々のおやつにはヨーグルトや魚肉ソーセージなど、少しでも健康によさそうなものを選択。

自然の味と母の思い出が合わさることで、体によいものを選ぶ大切さが、意識の深いところに刻まれていくと信じています。

＼ JUST FIT! ／

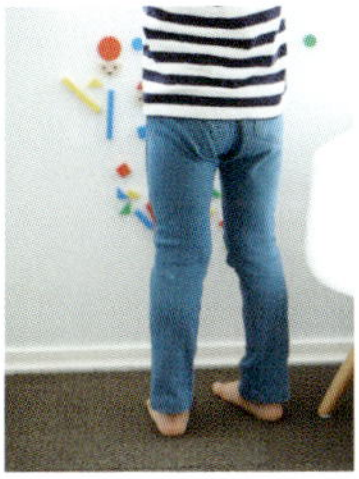

子ども服は先を見越して大きめを買いがちですが、動きやすいぴったりサイズを。とくにパンツはダブつき厳禁。

服は6セットを目安に

子どもが汚し盛りの今は、「半年使い切り」を覚悟して、手頃な価格の服をシーズンごとに買い替えるようにしています。

1枚1000円程度なら、子どもが汚したり破ったりしても気にならないですし、着られなくなったら躊躇なく手放せて、収納に困りません。何より、思い切り動けるように、常にジャストサイズのものを着せてあげたいので、短期的な買い替えがベストなのです。

持つ数は、上下6セットが目安。1日に3枚必要で、少なくとも2日に一度洗濯するからで、ほかにお出かけ着を1～2着持っています。

子ども服は「かわいいから」持つのではなく、目的で持つ。すると、買い物も収納もシンプルになります。

おわりに

たくさんの家事の「やらなきゃ」を抱え込んでいた頃は、やってもやっても終わらない家事に毎日ヘトヘトでした。息子がご飯を食べこぼしたりすると、「あぁ、また家事が増える……」と思ってしまったり。そんなやさしくない自分がまた嫌で、落ち込む日々。

家事を手放した今、息子が7時に起きてきたときには、もうほとんどの家事は終わっていて、笑顔で息子に「おはよう」と言うことができます。仕事が忙しいときは家事をサボることもありますが、そんなときも部屋はそれなりに片づいています。私が病気で倒れたら、夫と息子が食事から洗濯までこなしてくれます。私も家族も、あの頃より笑顔が増え、ともに家を支えるチームとして、絆が深まったと感じます。

専業主婦だった母の家事に憧れ、ひた走ってきましたが、私が本当に目指していたのはあの頃の母の笑顔、家族の笑顔だったと気づきました。母の家事には到底及びませんが、私なりに笑顔で暮らす方法を見つけられたと思います。

　また、父は、よい品を長く使う楽しみを教えてくれました。今、毎日使う筆記具は、小学5年生の誕生日に父がくれたモンブランのシャープペン（写真上）。思い出深いものがひとつあれば、多くを持たなくても心が満たされ、ほかのものは手放せます。もう1本は、5年ほど前に夫から贈られたものです（写真下）。

　最後になりましたが、いつも私を心強いパートナーとして支えてくれる家族と、文字通り二人三脚でこの本を世に送り出してくださった編集ライターの浅沼さん、カメラマンの林さん、ワニブックスの森さん、デザイナーのｋｎｏｍａさんをはじめ、出版に携わってくださったすべての皆さま、そして何より、我が家の暮らしをいつも温かく見守ってくださるブログ読者の皆さまに、あらためて心より感謝いたします。

２０１６年10月

aki

staff

構成　浅沼亨子

撮影　林ひろし

デザイン　knoma＋石谷香織、鈴木真未子

間取り制作　長岡伸行

校正　東京出版サービスセンター

編集　森 摩耶（ワニブックス）

shop list

アカセ木工　☎0865-64-5111
喜久屋（イークローゼット·カスタマーサポート）　0120-35-0985
イケア・ジャパンカスタマーサポートセンター　☎0570-01-3900
池商　☎042-795-4311
WMF ジャパン コンシューマーグッズ　☎03-3847-6860
きららウォッシュ　0120-730-177（固定電話）、
☎0835-28-8822（携帯電話）
サイトーウッド　☎054-285-8182
ジョンソン　☎045-640-2111
住友ベークライト　☎03-5462-4220
チェリーテラス・代官山　☎03-3770-8728
ティファールお客様相談センター　☎0570-077-772（ナビダイヤル）
designshop　☎03-5791-9790
東リ　☎06-6494-6605
花田　☎03-3887-6201
フィスラージャパン　☎0570-00-6171
ボダムジャパン　☎03-5775-0681
マグエックス　☎03-3863-3171
無印良品 池袋西武　☎03-3989-1171

家事を手放して
シンプルに暮らす

著者　Aki

2016年11月3日　初版発行
2017年1月10日　3版発行

発行者　横内正昭
編集人　青柳有紀
発行所　株式会社ワニブックス
〒150-8482　東京都渋谷区恵比寿4-4-9　えびす大黒ビル
電話　03-5449-2711（代表）　03-5449-2716（編集部）
ワニブックスHP　http://www.wani.co.jp/
WANI BOOKOUT　http://www.wanibookout.com/
印刷所　凸版印刷株式会社
DTP　株式会社三協美術
製本所　ナショナル製本

※本書に掲載されている情報は2016年10月現在のものです。
　商品は価格や仕様などの変更および販売終了となる場合がございます。
※本書の家事や収納方法などを実践していただく際には、建物や商品の構造や性質、
　注意事項をお確かめのうえ、自己責任のもと行ってください。

ISBN 978-4-8470-9507-8